ANECDOTARIO POLÍTICO AICODI

HISTORIAS DE CAMPAÑA

ANECDOTARIO POLÍTICO AICODI
HISTORIAS DE CAMPAÑA

Todos los derechos reservados conforme a la ley
D.R. © 2023 Por la obra: AICODI.

Primera Edición: 2023

Cuidado editorial: P&C/Galaxia Literaria/Jorge Díaz B.

Proyecto gráfico e impresión: Punto&Coma Editores,
distribuido bajo el sello editorial Galaxia Literaria.
hola@galaxialiteraria.com
www.galaxialiteraria.com
informes@puntoycomaeditores.com
www.puntoycomaeditores.com

Guadalajara, Jalisco. México.
Tel. 33 14822765

ISBN 979-8395-93271-6

Esta obra se terminó de imprimir en junio de 2023.
Impreso y hecho en México.
Printed and made in Mexico.

Galaxia ✳ Literaria

HISTORIAS DE CAMPAÑA

ANECDOTARIO

POLÍTICO

AUGUSTO HERNÁNDEZ
COMPILADOR

SERGIO JOSÉ GUTIÉRREZ
PRÓLOGO

Índice

PRÓLOGO

Sergio José Gutiérrez

La política no es sólo un juego de estrategias y discursos; es un juego de emociones y conexiones humanas. Los consultores políticos son parte de la dirección de una orquesta, que logran que las melodías suenen armónicamente y el público se quede hasta el final de la puesta en escena. Pero, ¿qué sucede cuando las cámaras se apagan y los micrófonos se silencian? ¿Qué pasa detrás del escenario?

Este libro es una colección de anécdotas e historias que nos llevan a entender la comunicación política desde una óptica que regularmente no abordamos los consultores, ya que nuestro trabajo es contar historias de los personajes políticos para los que trabajamos; en cambio, en esta recopilación los autores se abren a relatar lo que desde su experiencia se vive en la comunicación política.

En este segundo volumen, el coordinador —Augusto Hernández— convocó a consultores que cuentan con experiencias muy diversas en distintos países y que nos permiten obtener un vistazo a la realidad de este oficio, y no sólo quedarnos con las anécdotas míticas que abundan en esta industria.

A través de estas historias, descubrirás los secretos detrás de algunas de las campañas y los grandes retos a los que nos enfrentamos para lograr que los proyectos salgan avante, encontrarás no sólo casos exitosos, sino historias de cómo los aprendizajes y errores son parteaguas en la consolidación de la carrera profesional de un consultor e, incluso, algunos consejos de cómo adentrarte en este mundo.

La consultoría política no sólo se trata de estrategias y tácticas, también se trata de historias de camaradería, amistad y hasta rivalidad y plagio; detrás de la fachada de la consultoría política existe el lado humano de quienes trabajan en ella. Este esfuerzo te dará una idea de cómo se ve el mundo desde la perspectiva de un consultor político, cómo se forjan las relaciones y cómo se construyen las estrategias que determinan el destino de los candidatos. Te permitirán adentrarte en la mente de estos profesionales y conocer sus pensamientos, sueños y preocupaciones.

Los responsables de este viaje son especialistas en la consultoría política, y su experiencia cruza continentes. Conocemos estos entretelones gracias a las letras de Ezequiel Parolari, Melanie Túa González, Augusto Hernández, Elliot Coen, Jerry Jauregui, Yhansui Ospina, Daniel Barquet, Luis Rendueles, Hugo Ontiveros, Luis Enrique Monterroso, Gladys Pérez, Aureola del Sol, Ángela Ramírez y los miembros de Ranking Consultores.

He coincidido con la mayoría —si no es que con todos—, sé de su profesionalismo y esfuerzo. Cada uno, en su tono único, narra su camino para llegar al lugar que ocupan hoy y cómo lograron construir su experiencia en esta industria.

Este libro es una ventana al mundo de la política, pero no te dejará en la puerta; te llevará detrás de las cortinas y te mostrará lo que realmente sucede en las campañas electorales.

Prepárate para reír, llorar y sorprenderte con las historias que aquí encontrarás.

Porque la política no sólo es una batalla por el poder; es una historia humana que nos impacta a todos.

AGRADECIMIENTOS

En nombre de las mujeres y hombres que intervienen en esta obra, queremos aprovechar estas líneas para agradecer a aquellas personas que han creído en el proyecto, así como a nuestro Presidente Augusto Hernández, por no renunciar a esta iniciativa y, sobre todo, por colocar todo el empeño en que este anecdotario se logre y quede instituido como una acción estratégica del plan anual de trabajo.

Gracias a todas las consultoras y consultores miembros de la Asociación de Consultores Políticos Digitales (AICODI), que nos permiten representarles en este segundo volumen, de muchos que estarán por venir, todos y cada uno de ellos más enriquecido con el quehacer diario y cotidiano de las funciones de consultoría.

Agradecemos a nuestras familias —hijos, padres, madres, hermanas, parejas—, colaboradores y amistades, quienes, desde sus espacios, funciones y/o roles han apoyado y motivado la realización de este segundo volumen. Lo hicieron con el primero y lo volvieron a hacer. Estas líneas son tanto de cada coautor como de sus equipos de trabajo o cómplices de aventuras.

Gracias infinitas a Sergio José Gutiérrez, por aceptar la invitación y por su disposición para hacer el prólogo de este libro, que pretende entretener y a través de experiencias, generar conocimiento en quien llegue a buscarlo mediante la lectura de este libro, que es de ustedes y para ustedes.

Gracias, pero muchas gracias, a quienes directa o indirectamente son parte de estas anécdotas. Son el pilar bajo del cual, a través de los roles de consultora o consultor, hemos vivido estas experiencias, y con ello, tenemos hoy la oportunidad de contar nuestra versión a cada persona que lee estas líneas. Por último y no por ello menos importante, gracias ti, que fuiste a la tienda virtual o alguna plataforma para comprar este libro en su formato digital y que estás leyendo la vida de otras y otros, vista desde los ojos de la consultoría política de América Latina desde un dispositivo móvil; también, gracias a ti, que pediste una impresión bajo demanda del libro o que en todo caso, asististe a algún evento en donde fue presentado y estuvieron nuestros consultores, ¡gracias!

INTRODUCCIÓN

Como en el volumen pasado, el presente libro busca poner a disposición de las y los lectores, experiencias de consultoras y consultores políticos en campaña o durante el ejercicio de sus funciones, ya sea como diseñadores de las estrategias generales y digitales, o como ejecutores de estas, ya sea desde su agencia o apoyando de forma independiente un proyecto, aquí, encontrarás tal vez, algunas anécdotas "pro bono" o para el bien común, mismas que resultan igual o más enriquecedoras por su naturaleza.

La intención de este segundo volumen del libro, es continuar brindando espacio a hombres y mujeres de la Asociación Internacional de Consultores Digitales (AICODI), para que cuenten anécdotas acerca de su trabajo durante campañas políticas o gubernamentales, ya sea en México o alguna parte de América Latina. Desde el primer libro se le ha considerado un anecdotario, en donde se presenta al lector una serie de situaciones, mismas que pueden ser positivas o no, chuscas o dramáticas, pero todas ellas obtenidas del ejercicio de sus funciones y roles en algún tipo de proceso, por lo que además de brindar momentos de entretenimiento al lector, pueden ser considerados como conocimiento y experiencias compartidas desde el campo de batalla o la trinchera defendida.

Más de quince consultores(as) o estrategas, digitales en su mayoría, desarrollan pequeños espacios en los que presentan de forma coloquial y sin mucho tecnicismo, una serie de acciones, situaciones o acontecimientos que marcaron para bien o no, el desarrollo de una campaña política, gubernamental, social o la ejecución de una estrategia en pequeñas y medianas audiencias, ya sea en México o en algunos casos, en Centro y Sudamérica, lo que permite al lector conocer, aprender e identificar situaciones comunes que se presentan en el día a día de una campaña en búsqueda de un cargo de elección popular o en la comunicación de gobierno, una vez que se ha obtenido esa voluntad del pueblo.

El segundo volumen del Anecdotario ha sido un reto monumental, sobre todo, por la carga de trabajo que sus coautores han tenido a lo largo del arranque de este 2023. Pero una vez que se lograron alinear astros, tiempos, espacios, agendas y uno que otro polvo de hada, contamos con… Espacios para su disposición. La idea es que sea posible leer cada espacio sin necesidad de haber leído uno previo, ya que cada uno de ellos atiende a una óptica propia de cada coautor o coautora, así que para que tenga una idea básica del contenido, le contamos lo siguiente:

El prólogo de este segundo volumen corre a cargo de Sergio José Gutiérrez. Tanto el primero como el segundo libro, tienen la fortuna de contar con prólogos de grandes exponentes de la comunicación política y miembros del "Salón de la Fama Reed Latino"; en este caso, y seguramente ya leíste antes que esta introducción, es Sergio José quien realiza un análisis y relatoría de esta obra.

La entrada corre a cargo de Kif Nava, publicista mexicano que se autodenomina como un devorador de contenidos audiovisuales; amante de un buen libro y de una taza de té; contador de historias. Un enamorado de su familia y trotamundos de la mano de Dios. Decimos que este publicista ha incursionado en el mundo de la consultoría con el pie izquierdo, y no, no es que le haya ido mal, sino que es zurdo —y le va al América—. Kif nos presenta en esta "entrada al estilo Nava", su experiencia mientras vuela en un avión con rumbo desconocido —por nosotros—. Nos cuenta esas sensaciones que un consultor presenta durante su ejercicio y que muchas veces no se cuentan a nadie, ya sea por pena, miedo o simplemente, debido a que nadie se pregunta por ello. Si no le gusta esta entrada disruptiva, no se desanime, siga leyendo y disculpe al americanista —comprenda que no es fácil vivir con ello—.

En el primer espacio, Ezequiel Parolari, un argentino muy ecuatoriano, nos relata la enfermedad del Rey... Metafóricamente y en la medida de sus posibilidades —por cuestiones legales—, nos regala un maravilloso espacio en donde la reflexión y la anécdota cohabitan en cada línea, en cada palabra, en cada párrafo. Ezequiel es consultor en comunicación y estrategia política, cuenta con más de ocho años de experiencia en la asesoría a gobiernos, presidentes, candidatos y partidos políticos. Ha sido reconocido por excelencia en la investigación y estrategia política por la *Washington Academy of Political Arts & Sciences* y como líder emergente con el *Victory Award*. Es máster en Marketing Político y Comunicación Estratégica por la Autónoma de Barcelona y licenciado en Ciencias Políticas por la Universidad de Buenos Aires.

Durante el segundo espacio, Melanie Túa González, consultora política puertorriqueña nos cuenta desde su muy personal punto de vista, una anécdota que pareciera muy personal o tal vez, tan común que parece ser apropiada por muchas mujeres en y de la política. Melanie nos habla sobre la mujer en la política y ese doble estándar por atender. La directora ejecutiva de Melanie Tua Gonzalez *Political Academy & Consulting Group*, nuestra coautora, se destaca como docente en la Universidad de Puerto Rico, investigadora, comunicadora, conferencista internacional y autora del libro VIVIFICAR: ¡Redescúbrete y haz vivir tu liderazgo, fuerza y energía! Cuenta con un bachillerato en Educación, maestría en Comunicación con énfasis en Periodismo y un grado doctoral en Filosofía y Estudios Culturales. Posee un diplomado en Consultoría en Marketing Digital. En el 2016 fungió como legisladora municipal, destacándose en política pública. En 2021 fue reconocida en Cali, Colombia como Mujer Innovadora del Año en la Política Iberoamericana y Mejor Artículo Innovador. En 2022, la Asociación de Consultores Políticos Alacop la honró con el galardón de la Mejor Investigación Política del Año. En noviembre del mismo año, también fue reconocida en los premios *Napolitan Victory Awards* en Washington D.C. como una de las estrellas en ascenso de la Comunicación Política.

Para el tercer espacio, aparece el coordinador y compilador de la obra, Augusto Hernández, consultor empresarial, político y gubernamental mexicano, con más de diecinueve años de experiencia, presidente fundador de Consultores Asociados Hernández & Alonso, SC y actual presidente de AICODI por el periodo 2023 a 2025. Ha tenido oportunidad de diseñar y desarrollar campañas políticas y gubernamentales en México, Colombia, Honduras y otros países latinoamericanos, por las que ha sido reconocido con diversos premios internacionales como: ALaCoP, *Rising Star Victory Awards* y *Reed Latino,* por mencionar algunos. Augusto coordina nuevamente la obra y aporta en esta ocasión un capítulo, en el que comparte su experiencia en un municipio mexicano, en donde la tarea más compleja parece ser lograr que aprecien y valoren todos los positivos que tienen, colocando en el centro de la estrategia de comunicación a la ciudadanía y anteponiendo esto a cuestiones personales, que poco abonan al posicionamiento de la gestión y por ende, del personaje principal en el ayuntamiento.

Posterior a esto, aparece un hombre al que la gusta la "pura vida", como al resto de hombres y mujeres de Costa Rica. Elliot es un empresario que ha trabajado en mercadeo comercial por más de cuarenta años. En los últimos años, ha iniciado un idilio con el mercadeo político, especialmente digital. En su espacio, nos habla sobre el dinero, sí, ese que pareciera el "todo poderoso" en la política. Nos cuenta una anécdota muy personal durante una campaña y además, nos invita a la reflexión sobre el rol que cada quien, no sólo realiza, sino está dispuesto a asumir con las implicaciones que esto conlleva. Él no lo cuenta por humildad, pero quienes le conocen, saben que esta experiencia le llevó a tener confrontaciones con otros consultores y enfrentar un proceso poco agradable.

Aparece en escena un joven mexicano que, en su espacio, nos narra su experiencia desde fuera de un proceso y posteriormente como parte del resultado de esc. Jerry Jauregui nos relata con santo y seña su nuevo él, en Nuevo León o como él denomina su espacio "mi nuevo yo en Nuevo León". Jerry es consultor en Marketing Certificado por Google; asesor de Imagen y Marketing Digital y creador de campañas electorales nacionales, estatales y municipales para México, Argentina y Guatemala, además de fungir como jefe de campañas de comunicación del Gobierno de Nuevo León (2022-2023). Ha escrito libros como: "El mejor libro de Marketing Político", top 10 de Amazon Books. Dentro de su instrucción formal, Jerry es egresado del diplomado de *George Washington University* en Comunicación Política y cuenta con una triple titulación en máster; dos en Marketing y una en Dirección Comercial por la Universidad de Alcalá en España. CEO de *Viral Marketing*.

Del Norte de México, viajamos a un espacio construido en Colombia. Este espacio es el de Yhansui Ospina. Ella nos habla sobre la ética y el cambio hacia la consultoría política digital desde su persona, nos cuenta cómo es que llegó a la industria, cómo considera que el covid y la pandemia por el virus impulsaron la comunicación digital, y mientras hace esto, nos relata la importancia del actuar ético en este mundo de la ComPol y mucho más. Yhansui funge como CEO de la agencia *Brum Digital*, es comunicadora y magister en Gobierno y Políticas Públicas con más de once años de experiencia como estratega digital para candidatos políticos en su país natal y Ecuador.

Daniel Barquet nos regala un espacio de mucho interés, en el que relata en primera persona la experiencia de un comunicador que entró sin darse cuenta —tal vez sí— al mundo de la política y que, con esfuerzo y trabajo diario, se convirtió en consultor político. Daniel, de cincuenta y tres años, es un orgulloso abuelo originario de Yucatán, en donde desarrolló una carrera en Medios y Periodismo desde hace más de treinta años, por lo que el Congreso de la Unión-Cámara de Diputados le entregó un reconocimiento en virtud de su labor y trayectoria; también es criminólogo, miembro de la Sociedad Mexicana de Criminología, egresado de Canvas Escuela de Comunicación Política y de la Knight Center de la Universidad de Texas en Austin; tiene la maestría en Mercadotecnia Política y ha participado en campañas desde 1988.

Desde Venezuela, Luis Rendueles nos comparte "el camino del *rookie*". En este espacio nos reseña su camino en el mundo de la consultoría, sus expectativas, su participación activa y de aprendizajes, en la que reflexiona en primera persona y agradece a personajes de la industria ComPol por su mentoría y oportunidades de crecimiento, en lo personal y profesional. Luis Miguel Rendueles Meyer-Bertheau, mejor conocido como Luis Rendueles es consultor político con experiencia en campañas electorales y comunicación de gobierno, especializado en el área de análisis e inteligencia digital. Politólogo egresado con mención Summa Cum Laude de la Universidad Rafael Urdaneta, con diploma en Asuntos Públicos del IESA y egresado de la Certificación Internacional en Marketing Político Digital de Canvas Ads School.

Hugo Ontiveros nos aporta un espacio denominado "Consultor como estilo de vida", en el que la reflexión se orienta a visualizar que todas y todos en la consultoría, tenemos forma de influir con nuestros clientes, para juntos y en equipo, generar una mejor sociedad en donde se viva con libertad. Sin duda, él vive como consultor y ha entendido junto a su familia, que esta no es sólo una profesión glamurosa, sino que a veces, tiene días de gran sacrificio y su tinte peligroso, dependiendo del contexto en el que se ejecute. Hugo es licenciado en Relaciones Internacionales y maestro en Ciencias Políticas por la Autónoma de Nuevo León en México, es creador y cofundador de la agencia *Viral Marketing 2.0* y ganador de premios internacionales como una presea dorada ALaCoP en 2022.

Luis Enrique Monterroso, de Guatemala, es consultor político digital, padre de dos hijos politólogos; Diego y Andrea. Experto en oratoria y neurocomunicación, egresado de la Universidad Camilo José Cela de España. En 2019 obtuvo 3 premios *Trending Awards* a nivel latinoamericano; a la mejor estrategia digital; a la mejor campaña de contraste y a la innovación metodológica en campañas electorales. En 2022 ganó dos premios a nivel iberoamericano: uno como mejor investigación en campaña electoral y el segundo por mejor tecnología aplicada a campañas electorales, premios otorgados por la Asociación de Consultores Políticos (ALACOP). En esta ocasión, Luis nos habla sobre el humor social y acuña de la mano de experiencias, resultados y otros especialistas, el término Humor Social Político (HSP).

La expresidenta de AICODI y Directora de Canvas, Gladys Pérez, colabora con un espacio en este libro, en el que nos dice cómo no morir en el intento al iniciarse en el mundo —complejo— de la comunicación política y consultoría, y con la humildad que le caracteriza, nos cuenta desde su experiencia personal al lado de su esposo, el inicio de una gran carrera en la industria ComPol. Gladys es politóloga, conferencista y estratega en Comunicación, Mensaje y Media training de nacionalidad mexicana. Cuenta con dos maestrías y diversos posgrados en Comunicación Política. Ha participado como analista en diversos programas de radio, televisión y prensa escrita. Es directora general y fundadora de Canvas Ads School. Además, es presidenta emérita de la Asociación Internacional de Consultores Políticos Digitales (AICODI) y directora de Comunicación de la Asociación Latinoamericana de Consultores Políticos (ALACOP).

Aureola del Sol, consultora digital campechana que nos relata en una mezcla de anécdotas la historia del ciclista rojo. Aureola nos lleva por un recorrido interesante de cuestiones que suceden y que nos deben hacer considerar diversos aspectos. Ella hace referencia al quehacer de las campañas, de ese que no se encuentra en los libros de texto con los que se enseña en las facultades, haciendo énfasis en cómo deben relacionarse los equipos de trabajo. Aureola es consultora política en comunicación de gobierno y campañas electorales, con especialidad en el diseño de estrategias de política en internet. Ha desarrollado proyectos en México y Latinoamérica bajo su propio método de trabajo denominado SER digital, que promueve una comunicación sencilla, emotiva y relevante. Parte de su trabajo ha sido reconocido con premios como los *Napolitan Victory Awards* en 2018, 2021 y 2022; los Alacop y recientemente fue distinguida como consultora revelación digital de los *Reed Latino Awards*.

Ángela Ramírez aporta un espacio muy interesante; ella nos habla sobre la violencia hacia las mujeres, pero a diferencia de otros espacios, este se enfoca en la violencia de la que son víctimas las mujeres no sólo en México, sino en el mundo, mediante canales digitales, el ciberacoso y los problemas que esto genera en el ámbito social y político. Ángela, también conocida internacionalmente por sus amigos como "Pukkka", es una mexicana muy norteña, que ha trabajado más de catorce años para el impulso de mujeres, tanto en lo privado como en lo público desde "Euforia, tu asesor en comunicación", su firma consultora que actualmente coordina estrategias a nivel local en Coahuila, México. Ángela es consultora y especialista en comunicación digital.

Por último, y no por ello menos importante, con tres reflexiones situacionales nos acompaña Ranking Consultores, empresa o agencia de consultores especializados en estrategia y comunicación política digital, originaria de Monterrey, Nuevo

León, con más de veinte años de experiencia en elecciones de diferentes niveles, desde presidenciales, gubernaturas, ayuntamientos, diputaciones y elecciones internas.

ENTRADA "DISRUPTIVA"

Por: Kif Nava

"…El escalofrío es algo que difícilmente por más que me mentalice dejo de experimentar cada vez que el avión está despegando…"

¡Hey! llegaste a la parte más chida (cof, cof), divertida de este anecdotario. ¡Je, je, je! —Ojalá que el presi lo ponga en las primeras hojas de este anecdotario; si no, qué hueva de libro, je, je, je—. Agradezco de nuevo a AICODI por la invitación para plasmar en estas hojas blancas lo acontecido durante este año en el apasionante mundo de la consultoría política.

¡Hola de nuevo! Soy Kif y me dedico a *#ContarHistorias*, soy mexicano y súper liviano, pero turbo competitivo a la hora de la acción, *ALV*. Mierda, ¿por dónde empiezo? Mil ideas pasan por mi mente y mis dedos no las captan porque vengo escribiendo en un avión, sí, donde tengo mi espacio, sin que el celular suene. Estoy sentado a un lado de un "don" de unos cincuenta años, cabello canoso —no, no es el Augusto— y lentes con mucha graduación; trae un saco gris y el aire acondicionado del avión no enfría un carajo, —por cierto, ¿quién se sienta en un avión con su saco puesto?—, en fin, el que se viene agriando es él.

Antes de comenzar el relato, mis mejores deseos al nuevo presidente de AICODI. Augusto, la mejor de las vibras, bro. Ahora sí, como diría mi abuelita: "A darle que es mole de olla".

La pasada jornada electoral fue un poco peculiar. Tuvimos la fortuna —gracias a Dios— de colaborar en Colombia, México y Ecuador, lo que me dejó un grato sabor de boca, unos cuantos premios internacionales y un sin fin de nuevas experiencias y nuevas personas con las que coincidí en tiempo y espacio. Si tú fuiste una de ellas, miles de bendiciones para ti hoy y siempre.

Omitimos país, candidat@ y otros datos para evitar cualquier cosa, ¡je, je, je! Sin tanto rollo, comenzamos.

Una vez más, ese maldito escalofrío recorrió mi cuerpo, pero ni eso nos pudo detener y nos embarcamos en una nueva aventura. Recuerdo bien el frío del aeropuerto y el olor a *fast food* en cuanto salí del avión. Varía veces había pisado ese aeropuerto, pero sólo había hecho escala en él; en esta ocasión, la vida nos ponía ahí, justo ahí, en esa nueva latitud y con un gran reto por delante: una nueva campaña política. Lo recuerdo mientras escribo y vuelo a experimentar ese hueco o vacío en el estómago cada vez que un nuevo reto llega a mi vida. Palabras más, palabras menos, llegamos y fuimos directo al hotel. Después de dejar las maletas y "tirar el miedo" —guiño, guiño y carita facherita. Je, je, je—, nos dirigimos a comer, porque este "cuerpecito" no se la vive pensando.

Y justo ahí, fue cuando todo *crasheó* en pleno restaurante: chic@s de veinte años a lo mucho, hablando en sus respectivas mesas de políticas públicas, de los candidatos y de lo que más le convenía al país. ¡Dios mío!, yo a los veinte años pensaba en dónde y cuándo era la *party* más cercana y si no había, la organizaba —se los juro—, je, je, je.

No cabe duda que el "experto" en contar historias estaba viviendo una que ni en el más remoto de sus escenarios pasaría por su mente. Al oír esas conversaciones, la cabeza me explotó y de inmediato fui a las benditas redes sociales, en especial a TikTok, ya que era la red que también se discutía en esas mesas. ¿Te confieso algo?, yo en esos días ni la había descargado, pero ahí mismo me armé de valor y ¡pum!, un tsunami de información llegó a mi móvil, y te aseguro que lo que se comentaba en esas mesas se quedaba corto. No sabía si comer, ver el celular, escuchar con atención a los que compartían la mesa conmigo o salir corriendo. Demasiada información al mismo tiempo. Opté por dejar el celular, y poner atención a la charla que había en mi mesa, aunque la verdad mis oídos no estaban ahí, sino en las mesas de un costado, donde los jóvenes seguían defendiendo sus posturas políticas —a los veinte años, ¡no mames! je, je, je, *sorry*, me dejé llevar—.

Nunca supe cuándo se terminó la comida, mi cabeza estaba en otro lado. Yo quería llegar al hotel y devorar toda la información que "la sociedad red", como bien la denomina Sergio José Gutiérrez —abrazo si estás leyendo esto y estás esbozando una sonrisa—, estaba discutiendo. Así fue. Llegué a la habitación, me tiré en la cama, mandé unos unos *whats,* y me metí a las benditas redes sociales. No sé a qué hora me dormí observando todo lo que podía en esa habitación de hotel; la cabeza no dejaba de darme vueltas.

Por más que veía las recomendaciones de series de la cuenta de Netflix de Yago de Martha para poder distraerme —por cierto, malísimas, je, je je; no es cierto, je, je, je. Bueno, sí;

abrazo a ese capo que devora libros como otros devoran TikToks o historias de Instagram—, no podía dar crédito al tsunami de información en el que los votantes estaban inmersos. Y bueno, como no hay día no que no llegue ni plazo que no se cumpla, ahí estaba Kif al otro día, sentado en esa mesa rectangular, con el candidato justo frente a mí y a lo que íbamos; a tirar *flow*, a que la magia hiciera su aparición.

Si no te dedicas a esto, te cuento. Nuestros clientes compran un intangible que se vuelve tangible en las urnas. Un verdadero acto de fe, avalado en todo momento por la ciencia traducida y extraída de la *big data*. Después de una gran reunión, escuchamos: "…bueno, mexicanos, si eso recomiendan; denle, confiamos en ustedes…". Esas palabras son la mejor paga de esta fucking profesión. Si tú sueñas con entrar al mundo de la COMPOL, recuérdalo bien. No hay mejor satisfacción que estar miles de kilómetros fuera de tu zona de confort y representar a 130 millones de personas, porque ya no eres el publicista, eres el mexicano y que confíen en tus ideas y estas ayuden a ganar, ¡carajo!, se siente muy chingón. Fue así como nos dieron el voto de confianza, entramos, pusimos nuestro granito de arena, la elección se ganó y se cumplió el objetivo por el que llegamos.

Te comparto con mucha humildad esta pequeña reflexión. Esta campaña vino a recordarme dos cosas: Primero, jamás se deja de aprender. No seas soberbio, abre bien tus ojos; segundo, debes estar atento todos los días en cada ciudad, estado o país que te encuentres, porque las respuestas a tus preguntas están ahí, sólo debes parar bien las antenas. Los demás detalles son sólo eso: detalles. Hoy día, el cliente ya forma parte de la historia de un país de Latinoamérica y las piezas de esa campaña son parte del portafolio de este contador de historias, y los premios, los premios ocupan ya su lugar en las repisas del *#ElStudio*.

Gracias a ti, por leer este pequeño relato, capítulo, artículo o como lo vaya a bautizar el Augusto cuando se ponga "creativo" —según él—. A Bren y al Bolillo por aguantar vara, los amo, y a todo *#ElStudio* por empujar y empujar. Al Marquito González por subirse al barco y tirarse a matar con este *pinshi* kamikaze. Al tío Vini, un tipo con un colmillo del tamaño del continente americano, un capo en toda la extensión de la palabra, a quien admiro, respeto y de quien aprendo un chingo en cada batalla. Pero, sobre todo, a Dios, por darme la oportunidad de *#ContarHistorias* y disfrutar este camino llamado vida.

Dios los bendiga y nos vemos pronto el año que viene; bueno, eso si el Augusto me sigue invitando, *ALV*, je, je, je ¡abrazo grande!

LA ENFERMEDAD DEL REY

Por: Ezequiel Parolari

Se me hace muy difícil poder contarles esta historia, la historia del Rey. Es difícil porque es triste, es difícil porque a todos los lugares a donde nos conduce el relato es a hospitales, a médicos, más médicos, pastillas, caídas, camas, malas decisiones, etc. Sin embargo, es una historia necesaria. Se supone que de todo lo malo debemos aprender cosas, de todos los procesos debemos hacer un balance y rescatar los puntos positivos para seguir creciendo.

Esta anécdota es el balance de años de lucha, de batallas incansables, de búsquedas constantes y de dolor. Es la anécdota del Rey, así se llamará nuestro protagonista, no porque tenga aires de grandeza o se crea de alguna realeza, sino porque en la comunicación política existen acuerdos de confidencialidad y siempre los vamos a respetar, entonces buscamos un apodo sin dar nombres reales. Nuestro "Rey" no viene de un orden divino ni de un status monárquico, el Rey viene de un pueblo perdido y olvidado, que quiso transformar la vida de mucha gente y por eso se involucró en política. Con aciertos y desaciertos, revolucionó formas, incomodó a varios e inevitablemente cambió su vida. En 10 años pudo demoler paradigmas y ser un ejemplo para muchos jóvenes. También tiene sus detractores, como todo, que aprovecharon de los errores para atacar y hacer oposición. Para bien o para mal el Rey demostró que la vida es una lucha constante y que siempre hay que tirar para adelante. Los invito a leer la historia del Rey, los invito a conocer a un guerrero de la vida.

Los primeros pasos

Tenía alrededor de 25 años cuando lo conocí. Yo estaba trabajando en la Honorable Cámara de Diputados de la República Argentina e integraba un equipo estratégico de análisis parlamentario. Él llegó fiel a su estilo; torpe, brusco y avasallante, y en ese momento nos lo presentaron. La primera impresión fue ver a un personaje fanfarrón, el típico político que cree que todo lo sabe, de trajes que le quedaban grandes, barba desprolija y pelo blanco. Tenía alrededor de 60 y estaba muy lúcido. Un tipo inteligente, analítico y con mucha literatura encima. Por esos tiempos en Argentina estaba en el debate público bajar la edad para que los jóvenes de 16 años también pudieran votar. Con muy poca sutileza nos dijo que dejáramos todo lo que estábamos haciendo, que la ley con o sin nosotros igual se iba a aprobar, y que nos pusiéramos inmediatamente a trabajar en su campaña porque se venían unas elecciones "muy jodidas" y había que ganar. Elecciones que definirían su futuro político y que sinceramente no quería perder.

Mucha gente no entendía nada, se preguntaban quién era él para darles órdenes, quién era ese personaje que nunca les había hablado, que recién habían conocido y nos decía con mucha convicción que dejáramos todo. Algunos se reían, pero por la cara del Rey te dabas cuenta que todo iba en serio. Sin embargo, él no era tonto y entendió que la mayoría de las personas presentes, no estaban por la causa "elecciones con el Rey", y eso en la práctica no le servía. Así que de forma democrática y sin imposiciones, preguntó quienes querían participar en el armado de su campaña y ayudarlo a ganar. Ninguno sabía cómo hacer una campaña electoral, cómo empezar o qué decir. Como a mí me aburría el tema que estábamos tratando en el Congreso, y sinceramente pensaba que al margen de lo que nosotros dijéramos, a favor o en contra, la ley igual se iba a aprobar, me animé a levantar la mano y subirme al desafío de un personaje que a priori me parecía un loco. Sin saberlo y muy rápidamente, empecé a dar mis primeros pasos en la construcción y en el conocimiento de una campaña electoral. El Rey fue la primera persona que me metió en el mundo de la comunicación política, de las contiendas electorales, un mundo que abrió mi mente y me hizo enamorarme de la profesión.

La elección

Como les mencioné anteriormente, la elección fue muy complicada porque teníamos bastantes cosas en contra. Principalmente nadie sabía de qué se trataba gestionar una campaña política, pero ese "temita" al Rey no le preocupaba. La gestión no era simplemente saber por dónde empezar, sino encontrar los recursos financieros y humanos para arrancar con una campaña que a priori se presentaba complicada. Pero lo que más le preocupaba y ocupaba al equipo era el cargo por el cual íbamos a competir. Cuando comenzamos la travesía, los que habíamos levantado la mano para apoyar al Rey, no habíamos preguntando mucho por la inmediatez del momento, por lo tanto, no teníamos demasiada información.

Nos convocaron al día siguiente a la primera reunión formal con todo el equipo. Mientras esperábamos a que el candidato llegara, nos dimos cuenta de que nadie sabía absolutamente nada de la campaña, nadie sabía de dónde era el candidato ni sus oponentes, lo único claro era el partido, pero el resto era un gran interrogante por descubrir. Conviviendo como grupo en el estadio de incertidumbre generalizada, arribamos al momento del caos cuando el Rey llegó a la reunión y nos comunicó lo que todos deseábamos saber, pero nadie se esperaba: competíamos por la alcaldía de la segunda o tercera ciudad más importante de la Argentina, y no sólo eso, el partido que gobernaba eran los reyes de la ciudad con más de 12 años en el poder. El silencio ensordeció la reunión. Nadie hablaba, los rostros eran el reflejo de la parálisis camuflada. Sólo el tiempo cortó la monotonía cuando el Rey dijo: "Che, no vamos para las presidenciales ¡eh! la ciudad es grande, pero tampoco tanto. Yo me crie allá y los conozco a todos". Miré a mis compañeros y creo que ninguno estaba muy convencido del argumento "los conozco a todos", sin embargo, había que hacerle frente a la situación para empezar lo más rápido posible a investigar, trabajar y ordenar el caos. Había que empezar a diseñar una campaña electoral difícil con el único objetivo de ganar.

Arrancamos la campaña con muchos meses de anticipación y eso fue muy positivo. Nos permitió equivocarnos, pero también nos permitió aprender y corregir. Nos permitió explorar opciones, hacer cambios y evidenciar cualidades del candidato en territorio que con poco tiempo hubiesen sido inviables. El Rey, como decimos los argentinos: "se puso la diez", y confió plenamente en el equipo. Estaba dispuesto a hacer todo lo que le recomendábamos, fue muy disciplinado y ordenado, y eso ayudó mucho en la gestión de la campaña electoral. Técnicamente ya teníamos definido quiénes eran nuestros adversarios, los posibles ataques hacia nosotros, el eslogan, los colores y esas cosas que habíamos leído y aprendido que se hacían en las campañas electorales. En ese momento no existían ni TikTok ni WhatsApp para utilizarlas como herramientas en campaña, pero sí teníamos Facebook y Twitter, las cuales usábamos y mucho, tomando como referencia la campaña de Obama del 2008. Quiero aclarar que no estoy haciendo comparaciones con la campaña, sólo que nos pareció, en ese momento, una buena estrategia utilizar dichas aplicaciones para poder llegar a diferentes segmentos de la población de una manera creativa y no tan costosa.

Faltando tres meses para las elecciones, el Rey decidió hacer su primera encuesta y los resultados eran sorprendentes: íbamos primeros. Nadie lo podía creer, muchos pensaron que estaban mal hechas, pero también generó un buen clima en el equipo. Distendió procesos, la ciudadanía se involucró con el candidato y decidió participar, muchos jóvenes a través de las redes sociales se incorporaron a la campaña porque el Rey explicaba las cosas de una manera muy clara, y ellos pedían y querían un cambio en una ciudad donde había de todo menos renovación política. Corrupción, inseguridad y falta de trabajo eran las banderas que representaban el hartazgo de la ciudadanía, reclamos legítimos no escuchados durante más de 12 años. En cada barrio, cada casa visitada, el recibimiento de la gente era inmenso. Anhelaban un cambio, una transformación y el Rey era la voz de los olvidados para darle justicia a tantos años de abandono.

Por fin el domingo llegó. Un domingo caluroso, alegre y lleno de esperanza. El Rey votó temprano como los libros mandan. Estaba contento, ilusionado, con muchas ganas de ganar en su ciudad. Nos invitó a su casa, hizo un gran asado, nos agradeció por el esfuerzo y nos dijo que pasara lo que pasara nunca se iba a olvidar del compromiso que habíamos tenido con él. A las 7 de la tarde la tele nos comunicó que el Rey había ganado. No sólo había ganado, había terminado con 12 años de los mismos, había hecho historia. Había demostrado que efectivamente conocía a todos en su ciudad.

La esperanza de todas y todos

La esperanza llegó, y con ella, también llegaron los problemas. El Rey tenía claro que el desafío que había por delante era enorme. En lo interno, tenía que gobernar con una administración pública acostumbrada a otra gestión, con serias preocupaciones sobre su futuro laboral y con inminentes paros laborales si sus derechos no eran respetados. En lo externo, tenía que gestionar expectativas. La vara estaba muy alta, se había generado gran entusiasmo con la llegada del Rey y debía cumplir a rajatabla todas las propuestas de campaña para seguir teniendo el apoyo ciudadano.

Estratégicamente, primero había que poner la casa en orden. Se les comunicó a los empleados que nadie iba a perder las fuentes de trabajo y que contábamos con su apoyo para el bienestar de la ciudadanía. El esfuerzo era compartido e íbamos a modernizar a la administración pública para garantizar transparencia y tener una ciudad que funcione y no se quede atrás.

El combate a la corrupción fue la piedra angular en toda la campaña electoral.

En lo externo, entendíamos que la comunicación era fundamental, pero los problemas que la gestión podría presentar no iban a ser tapados por comunicar de mejor forma, entonces la garantía del éxito era desde el momento cero generar consensos políticos con acuerdos ciudadanos y cumplir al cien por ciento con las propuestas de campaña. Afortunadamente fuimos responsables y coherentes con las promesas electorales. No habíamos prometido cosas inviables ni grandes obras, pero sí habíamos efectuado promesas concretas y había que cumplirlas.

Los dos primeros años fueron muy exitosos. Habíamos logrado ordenar con eficiencia y transparencia la modernización del estado. Pudimos concretar las cinco promesas de campaña. Generamos acuerdos internacionales para atraer inversión extranjera y poder financiar obras que la ciudadanía necesitaba. Empezamos a generar nuevos puestos de empleo, mejoramos calles y construimos nuevas, generamos espacios públicos gracias a la asesoría e inversión del BID. Se notaba el cambio en la ciudad, el Rey estaba mucho en territorio y eso beneficiaba a la comunicación, la gente lo pedía y lo quería, sin embargo, teníamos un problema estructural que perjudicaba al conjunto ciudadano y era la inseguridad. No se puede tapar el sol con la mano, pese a que habíamos mejorado los índices de pobreza y desigualdad, la delincuencia era algo de todos los días y la gente con razón estaba muy disgustada. Las medidas que sugerían los expertos eran de largo plazo, medidas que sí se tomaron, pero que para la percepción ciudadana no eran suficientes. El Rey entendía que con poner más policías en las calles el problema no se solucionaba, pero ayudaba a que la gente se sintiera segura. Se pidió ayuda al gobierno nacional para enfrentar al delito, y ellos mandaron a la gendarmería para controlar carreteras y hacer un control más riguroso. El tercer año de la gestión del Rey estuvo básicamente signado por el combate a la delincuencia, proceso que generó mucho desgaste a lo interno del equipo. El cuarto año, el objetivo era mostrar cómo la ciudad efectivamente había cambiado, la transformación había comenzado, pero no era suficiente. El rey iba por la reelección muy confiado de lo hecho a lo largo de su mandato. Nosotros como equipo habíamos sufrido transformaciones de toda índole y contábamos con la confianza inicial del político que nos había hecho conocer lo que eran las campañas electorales. Competir en otra nos daba tranquilidad porque ya teníamos experiencia y considerábamos que habíamos hecho una buena gestión.

La reelección estaba encaminada, el Rey tenía buena recepción de la gente en el territorio, pero notábamos algo en su forma de caminar y en su físico. No era el mismo, le costaba realizar ciertos movimientos, pero todos pensaban que quizás estaba cansado o era el estrés de la gestión. La situación más preocupante fue cuando en uno de los cierres de campaña que realizó en un barrio, en la tarima frente a su público empezó a tartamudear, no podía hilvanar dos palabras seguidas, empezó a ponerse muy rojo y dijo con mucha tristeza: "Les pido disculpas, estoy muy nervioso", y se retiró del escenario. Todos se miraron, no era común en él. La oposición hizo leña del árbol caído argumentando que el famoso político ya estaba viejo para gestionar. Pese a todo y todos ganamos esa contienda electoral con un margen superior al previsto. Sin embargo, era el comienzo del fin para el Rey. Las cartas ya estaban echadas, quien había ganado la contienda electoral era la enfermedad, ella le había ganado.

La enfermedad del Rey

Como consultor político se me hace muy difícil contar esta parte de la historia, pero creo que es necesaria para que entendamos cómo es luchar contra cosas que desconocemos absolutamente. Qué significa que tu vida cambie en un instante y todo lo que era habitual se convierta en extraño. No poder reconocerte, sentirte impotente frente al paso del tiempo y querer seguir luchando por ser un ejemplo para tu familia. Finalmente, aceptar situaciones y comprender que todo depende de uno, que hay que remarla pese a que la vida te dio una bofetada y hay que poner la otra mejilla. Sinceramente creo que no es fácil, pero el Rey demostró entereza e hidalguía para sobrellevar situaciones que se presentaron bastante desfavorables.

Los 4 años siguientes de mandato se volvieron cuesta arriba en términos de consensos políticos y en términos de comunicación política. Al Rey le agarró una enfermedad neurodegenerativa, difícil de diagnosticar, difícil de combatir. Ya no iba a territorio, ya casi no gobernaba, delegaba, pero no controlaba. No había supervisión y como consultor tenía un rol difícil porque el Rey estaba luchando contra algo que él mismo, en sus orígenes, desconocía. Los doctores que lo atendían en la ciudad no le encontraban, ni le encontraron, soluciones a la enfermedad que padecía el Rey. Los diagnósticos eran diversos y muy diferentes, desde que había tenido un ACV producto del estrés, hasta que tenía que coagularse toda la sangre para estar más activo. Nadie daba con la tecla y el Rey estaba cada día peor. Sus movimientos eran cada vez más complicados, le costaba mucho hablar y su motricidad era limitada. Se caía todo el tiempo y se negaba a usar bastón o un andador. Lamentablemente el famoso refrán argentino se hizo realidad: "Dios está en todas partes, pero atiende en Buenos Aires", entonces un conjunto de médicos lo derivaron y le recomendaron que fuera a atenderse a Buenos Aires, para que fuera observado y evaluado por neurólogos reconocidos y especializados en la posible enfermedad que quizás, en ese momento, tenía el Rey.

Al tener que irse a tratar a Buenos Aires y comenzar a hacerse estudios, el Rey pasaba más tiempo en la capital que en la ciudad que lo necesitaba tanto como él necesitaba una cura. Cabe resaltar de manera significativa, que nunca se le ocultó a la ciudadanía el problema de salud que enfrentaba nuestro protagonista. Siempre se la mantuvo informada con el objetivo de evitar cualquier tipo de información sesgada o mal intencionada. La gente, su gente, lo apoyaba de sobremanera; sin embargo, llegó un tiempo en el que el Rey casi no pisaba su casa, no dialogaba con el pueblo y eso le pasaba factura. Duras críticas de la oposición y duras críticas del Rey hacia él mismo sobre cuál era la mejor decisión o el camino a seguir para él y su gente. La molestia de la familia era no encontrar un diagnóstico, y al no encontrarlo, no podía existir un tratamiento acorde a sus necesidades. Los neurólogos de Buenos Aires hablaban de una enfermedad extraña, que le agarraba a una de cada no sé cuántas personas, y el Rey maldecía por ser ese número porcentual que lo estaba perjudicando al borde de llevarlo al ocaso.

Los momentos más críticos fueron cuando quisieron destituirlo, quisieron terminar con su carrera política, lo quisieron echar por no ejercer con honestidad y coherencia su cargo, sin embargo, eso hizo que el Rey tomara fuerzas, renovara su orgullo y sintiera que las cosas ya habían tenido demasiado tiempo y nada estaba pasando en mejorar su condición. Al ser una enfermedad neurodegenerativa, se llegó a la conclusión de que el Rey debía postergar y enlentecer a la enfermedad haciendo terapia para desacelerar el proceso y tener una mejor calidad de vida. Comenzó terapia, fonoaudióloga, rehabilitación para la motricidad, y debía seguir trabajando, con ayuda, para mantenerse activo. Su mente era una luz y muy dinámica, pero su cuerpo era lento y con muy poca coordinación de movimientos y de acciones. Finalmente, a su tercer año de gestión, lo diagnosticaron y le dijeron que tenía la enfermedad de Kennedy, enfermedad que inicia en la adultez, neurodegenerativa y progresiva.

El principal problema de esta enfermedad es que no tiene cura. No existe una pastilla o algo específico para que uno tome y se cure. Lo que se puede hacer es detener el proceso con rehabilitación y terapias, mejorando las condiciones de vida, pero la enfermedad avanza incvitablemente. El Rey comprendió que siempre iba a convivir con la enfermedad, entendió que siempre iba a estar ahí y tenía que aceptarlo. Tenían que coexistir y llevarse de la mejor manera para tener una buena salud y mejor calidad de vida. El Rey luchó, y lucha, contra una enfermedad que no estaba en sus planes, pero que debió enfrentar para no dejarse vencer y seguir viviendo. El Rey es un ejemplo de coraje, de fortaleza (mental y física), de perseverancia y de responsabilidad. Al final de su mandato, de su segundo mandato, decidió no competir y no participar más en la política argentina. Entendió que no era responsable continuar con sus funciones porque mucha gente dependía de sus decisiones y de sus acciones, y pese a que su mente quería, su cuerpo lo imposibilitaba y le ponía límites a su gestión.

El último día de su mandato, estaba contento porque no tenía ni candidatos ni responsabilidad en las elecciones, estaba tranquilo, había logrado sus objetivos. Transformó su ciudad, la cuidó como si fuese un hijo, la protegió, le dio desarrollo y sustentabilidad. Cumplió sus promesas, siempre dijo la verdad, generó transparencia y demostró que con buenas acciones se puede hacer buena política. Sus detractores, hasta la fecha dicen que fue un irresponsable por pasarse más tiempo en Buenos Aires que en su propia ciudad, mientras que parte del pueblo lo justificó y lo entendió; otra parte lo cuestiona y piensa que no tendría que haber terminado su periodo, sino dedicarse a curarse. Pese a todo, todos y todas coinciden en que no los abandonó, que su lucha, su perseverancia y su entrega, fue un ejemplo para muchos que deciden darse por vencidos. Él no se dejó vencer, no se entregó, de la misma forma que dio todo por su ciudad, dio todo por mejorarse, y cuando supo lo que tenía, dio todo por tener una mejor calidad de vida. La lucha continua, el Rey sigue vigente, tiene su propia batalla interna, pero él no se va a dejar amedrentar, eso lo mantiene más vivo que nunca y no se va a dejar vencer tan fácilmente.

Las enseñanzas del Rey

Cuando me invitaron a formar parte del anecdotario, pensé durante mucho tiempo cuál sería una buena historia para compartir más allá del triunfo o derrota en una contienda electoral. Quería dejarles un mensaje que les sirviera para la profesión, pero también para la vida. Quizás estaban esperando una estrategia de éxito, o cómo hicimos una campaña ganadora. Sinceramente creo que la historia del Rey deja muchas enseñanzas en términos de comunicación política, y también deja muchos aprendizajes para la vida. Es difícil contar esta historia, pero además de ser consultores políticos, somos personas que tenemos que enfrentar situaciones para las cuales muchas veces no estamos preparados. Historias que nos marcan, que dejan enseñanzas y que dejan conceptos para aplicar a lo largo del tiempo. Les pido disculpas de antemano si no es la anécdota que esperaban, pero en lo individual siento que deja muchos ejemplos de cómo actuar frente a situaciones no esperadas. De cómo sobreponerse, enfrentar desafíos y luchar por las causas que uno cree válidas sin afectar a nadie.

Como consultor en comunicación política, la enfermedad del Rey deja muchos saberes tangibles de cómo accionar frente a sucesos inesperados. Lo principal es comunicar siempre con la verdad. No había espacios para mentir sobre lo que estaba pasando y eso ayudó mucho con la ciudadanía. Siempre comunicamos, y comunicamos con información fidedigna y precisa sobre los aconteceres de la enfermedad del Rey, nunca la ocultamos, siempre informamos pedagógicamente y eso sirvió muchísimo a nuestro trabajo.

Creo que nunca estamos preparados para enfrentar este tipo de desafíos, los papeles se nos queman cuando un candidato o un político se enferma, y la situación cambia de sobremanera y da un vuelco absoluto. Por eso es importante esta anécdota, para aprender y ser conscientes sobre este tipo de vicisitudes que podemos enfrentar a lo largo de nuestra carrera profesional. Permítanme por un segundo la auto referencia. Sinceramente no fue fácil la gestión de la comunicación de gobierno durante todo el periodo narrado a partir de la enfermedad del Rey. Cometimos muchos errores, en muchos casos la situación nos sobrepasó, pero comprendimos que teníamos que ser como nuestro protagonista; él era nuestro mejor ejemplo, no darnos por vencidos, aprender de los errores y seguir trabajando y esforzándonos porque el Rey estaba dándonos esa muestra de lucha y constancia.

Segundo, comunicamos para generar conocimiento sobre una enfermedad que no era, ni es, tan conocida. Entendíamos que quizás muchas familias, no sólo en la ciudad, sino también en la Argentina podían estar padeciendo la enfermedad de Kennedy y por falta de información o de recursos no estar anuentes de lo que realmente les está pasando. El Rey en ese aspecto se convirtió en un símbolo para muchas personas que tenían la enfermedad, pero que no lo sabían, o en el peor de los casos, estaban mal diagnosticadas. Lo mismo sucede con este capítulo. Quizás mucha gente en este momento esté leyendo la anécdota y conoce a alguien o tiene un familiar con las mismas características que nuestro protagonista, y tiene la enfermedad desconociendo cuál puede llegar a ser su tratamiento. Comunicar e informar para generar consciencia de la situación es esencial cuando trabajamos en instituciones que afectan al conjunto de la ciudadanía. Poner sobre la mesa temas que no estaban siendo tratados, o que para la opinión pública no son relevantes porque no les afecta de manera directa, es un "triunfo" de la comunicación y un éxito, porque empezamos a ver a médicos especializados hablar en televisión sobre una enfermedad que mucha gente desconoce y afecta a más gente de la que se cree.

Tercero, el Rey deja una enseñanza de perseverancia, valentía y lucha. No se rindió, no se dejó vencer y sigue enfrentando con entereza a una enfermedad que lo golpea, pero que no lo tumba. A su vez, el Rey es un ejemplo de no victimizarse, de no aprovechar esa situación para sacar cualquier tipo de réditos. Nunca dejó que le sintieran lástima o que la gente se compadeciera con él. Siempre evitó esos momentos alegando que estaba vivo y eso era sinónimo de poder seguir haciendo su trabajo.

Estoy en comunicación directa una vez por semana con él y con su familia. Le pregunté si podía escribir este capítulo respetando las formas y el anonimato. Yo elegí no dar el nombre ni la ciudad relatada en esta anécdota, porque creo que es mejor para nuestro relato. Aprendí y aprendo mucho de él. El mayor aprendizaje es que no hay "peros", no hay excusas en esta vida. Como consultores siempre nos vamos a enfrentar a muchas situaciones de estrés, o situaciones límites, en la que muchas veces no vamos a saber qué hacer o cómo reaccionar. Cuando suceden pienso en él, pienso en el Rey. Respiro, mantengo la calma y pienso que efectivamente todo tiene solución. No me pongo en modo caótico, sino todo lo contrario, busco soluciones, busco encontrar la manera de enfrentar el problema y no esconderme frente a la adversidad. Eso me enseñó el Rey y por eso les cuento esta anécdota, para que enfrentemos a nuestros propios enemigos, para que no nos dejemos vencer, para que cuando pensemos que todo está acabado y que no podemos más, recordemos que siempre hay un incentivo, un motivo por el cual no debemos dejarnos vencer; como hizo él, como lo hace todos los días el Rey.

LA MUJER EN LA POLÍTICA Y LOS DOBLES ESTÁNDARES

Por: Melanie Tua

Las luchas por conseguir la igualdad, por difundir un mensaje de cambio y ejercer mi derecho al voto de forma inteligente, son sólo algunas de las razones por las cuales decidí incursionar en la política. El deseo pleno por una política justa en beneficio de los menos afortunados me ayudó a alzar mi voz y a afianzar lazos con quienes entendía que podían hacer cambios en sus plataformas políticas en beneficio de los individuos, familias y comunidades.

Antes de mi incursión en la política puertorriqueña, cientos de mujeres habían precedido mi lucha y experimentaban ese deseo indiscutible de equidad en oportunidades dentro de la política. Históricamente, en Latinoamérica, la mujer ha tenido un rol evolutivo y trascendental. Este fenómeno se remonta al año 1948, cuando la Organización de las Naciones Unidas (ONU) aprobó la Declaración Universal de los Derechos Humanos. En dicho documento, el artículo 21 declara: "Toda persona tiene derecho a participar en el gobierno de su país, directamente o por medio de representantes libremente escogidos. Toda persona sin exclusión de género". También, dice: "Toda persona tiene el derecho de acceso, en condiciones de igualdad, a las funciones públicas de su país. Así como que la voluntad del pueblo es la base de la autoridad del poder público, esta voluntad se expresará mediante elecciones auténticas que habrán de celebrarse periódicamente, por sufragio universal e igual y por voto secreto u otro procedimiento equivalente que garantice la libertad del voto". No obstante, aún cuando la mujer cuenta con el derecho al voto y la posibilidad de participar activamente de la política, en la actualidad continua imperando el machismo, las nociones sexistas y los dobles estándares en varios sectores de la política. Desde este contexto les invito a conocer parte de mi historia como mujer de política y consultora política especializada en investigación cualitativa.

¿Arrancamos? La mujer es mucho más que estereotipos de belleza; es un ser pensante y altamente cualificado para ocupar cualquier escaño en la política. Ser madres, jefas de familia, estudiantes, divorciadas, solteras, viudas, flacas, gordas, altas o bajas, no le da derecho a ningún hombre o ser humano a juzgarlas y mucho menos a desprestigiar su imagen. El 8 de noviembre de 2016, pese a las fuertes críticas e insultos hacia mi persona por no estar de acuerdo con algunas de las posturas asumidas por el candidato a alcalde de mi partido, fui ratificada como legisladora municipal del pueblo de Camuy, Puerto Rico con 6,046 votos a mi favor. Fui la mujer más joven de un partido de minoría en ser electa por mi pueblo en ese cuatrienio. De catorce miembros, sólo fueron electas cuatro mujeres. Por eso, es transcendental retomar la historia y analizar si en la actualidad, la política es equitativa y justa tanto para los hombres como para las mujeres. Fueron muchas las veces que intentaron silenciar mi voz. Traían a colación aspectos personales y discriminatorios simplemente por ser mujer. En más de una ocasión, utilizaron palabras sexistas tales como muñeca, hermosa, mi niña, a las cuales siempre respondía con mi nombre y título. Fui señalada, minimizada y discriminada por ser una mujer. Estos hechos, más que ser lamentables, ponen de manifiesto el trabajo de educación y profesionalización que se debe continuar haciendo, la necesidad de crear estancias en donde las mujeres nos unamos para apoyarnos, así como lazos políticos más allá de límites partidistas. Lo que viví es parte de lo que la UNICEF (Fondo de las Naciones Unidas para la Infancia) reconoce como mitos y estereotipos que rodean a la mujer en la política. Estos mitos se fundamentan en suposiciones poco realistas, las cuales contribuyen con frecuencia a perpetuar los estereotipos y la discriminación.

En la lucha por la igualdad y oportunidades para la mujer en la política, también nos encontramos con muchos estereotipos con los que hay que lidiar a diario, tales como que: las mujeres son sensibles y no usan la razón, sino la intuición; no saben controlar sus emociones; son, antes que todo, madres y deben sacrificarse por los demás; son naturalmente aptas para cuidar a otros; son sumisas y delicadas; son débiles y dependientes de los hombres; no son ambiciosas, pues esta característica se ve sólo en los hombres; son modestas y no les interesa tener puestos de liderazgo. Ante la sociedad, las mujeres son responsables del hogar, lo que constituye un estereotipo que permea en nuestros países. Esto hace las cargas laborales mucho más pesadas para las mujeres que para los hombres. Estudios indican que las responsabilidades de la mujer en las tareas domésticas disminuyen o aumentan su interés por participar en la política. Cuando el peso total de las tareas del hogar y el cuido de sus hijos recaen en la mujer, menos tiempo y energía le queda para involucrarse en la vida política. Como consultora confirmo a diario la necesidad de continuar creando espacios de inclusión en los que las mujeres se sientan apoyadas y, como resultado, se dispongan a asumir un cargo electivo.

Recuerda de dónde vienes

Desde que tengo uso de razón, me gustaba participar en competencias de oratoria y lectura rápida. Deseaba pertenecer a todas las organizaciones estudiantiles posibles, siempre y cuando fuera electa presidenta. Aún conservo autobiografías en las que expresaba –con tan sólo diez años– mis aspiraciones a un cargo electivo político. Todas las mañanas, me reunía con un grupo de amigos frente a la oficina del director escolar a leer el periódico. Las noticias sobre política, educación y cultura eran las que más me llamaban la atención. Como niños soñadores, imaginábamos siempre que el horóscopo nos indicaría que algún día yo llegaría a ser gobernadora. Más que jugar a las escondidas o a la peregrina, juegos típicos de Puerto Rico, amaba utilizar mi tiempo organizando reuniones, preparándome para las competencias y servicios de caridad para los menos afortunados. Mi familia no se explicaba de dónde había salido esa pasión por la política, pues ni mi madre ni mi padre participaban en campañas de esta índole. ¿Te sientes identificada o identificado? Quizás sea tu caso o, tal vez, eres madre o padre de una niña con grandes talentos y habilidades que al igual que yo ama hablar en público, ayudar a las personas, defender los derechos de los demás, en fin, es una guerrera que sueña en grande.

Es en la niñez que descubrimos nuestros gustos e intereses, nos miramos al espejo y nos vemos tal y como queremos, como superheroínas, pues nada ni nadie nos limita. Es con el pasar de los años que comenzamos a escuchar las voces que nos dicen que no podemos por ser mujer, que somos muy emocionales y sensibles, que nuestro lugar está en hacer los quehaceres del hogar. Te exhorto a fomentar ambientes saludables donde, ya sea tus hijas o la niña interior que habita en ti, se sientan capaces de lograr todos sus sueños y metas en la política. Necesitamos más niñas que deseen ocupar puestos de liderazgo y poder. No minimices sus intereses por ocupar puestos políticos desde su temprana edad, empodéralas e ínstales a trabajar por esa meta que desean alcanzar. Hoy, reafirmo que mi amor por la política se generó desde el primer instante en que vi un pueblo en necesidad, al instante que comprendí que desde las plataformas de poder se podía ayudar y transformar la vida de millones de personas.

Arrebata las oportunidades

En el 2005, teniendo quince años de edad, el candidato a alcalde de uno de los partidos de mayoría del municipio de Camuy, Puerto Rico, tocó a la puerta de mi casa. Al entrar, preguntó por mí. Mi rostro de alegría era como cuando a un niño le regalan un teléfono móvil. Recuerdo que se sentó a dialogar con mi madre y conmigo, me preguntaron si deseaba incursionar en la campaña política y formar parte de la avanzada de jóvenes. Sin pensarlo dos veces, le supliqué a mi madre que me dejara participar y fue así como comenzaron mis primeros años en la política puertorriqueña. Te preguntarás cómo se enteraron de mi existencia. Te cuento que mi madre le había dicho a una amiga que a su hija le gustaba la política y esa amiga se lo dijo al candidato. Siempre que tengas una oportunidad en la vida, aprovéchala, no la desperdicies. Acepta los retos con sabiduría, pero arriésgate.

Evalúa las oportunidades en frío

Durante mis años de universidad, fui presidenta de la Unidad Estudiantil de la *American Association of Family and Consumer Science* a nivel de todos los Estados Unidos y sus territorios, oportunidad que me ayudó a viajar y a representar a Puerto Rico en múltiples ocasiones. Me sentía como una esponja absorbiendo conocimientos y creciendo en el tema de liderato. Todos los meses, realizaba obras sociales, participaba de adiestramientos de liderazgo, mejoramiento profesional y personal. Juraba que había encontrado la solución para transformar al mundo a través de la educación, aun sin ocupar un puesto político. Por esa razón, decidí profesionalizarme en el área de Ciencias de la Familia y del Consumidor. Esta profesión tiene como misión mejorar la vida de los individuos, familias y comunidades mediante una educación liberadora y con base científica. Sin embargo, uno de esos días recibí una llamada en la que se me invitaba a una de las reuniones del partido. En ella, auscultamos la posibilidad de poder correr en la plancha del candidato como legisladora municipal. En aquellas elecciones habría primarias, por lo que tenía que escuchar y leer cuáles eran sus propuestas antes de aceptar. Nunca se toma una decisión sin evaluar qué es lo correcto, cuáles son las ideas de los candidatos y quién verdaderamente representa tus valores.

También, me reuní con el otro candidato y me ofreció la misma oportunidad. Ambos reconocían mi talento y disposición para aportar en el esfuerzo de crear un mejor Puerto Rico. Su equipo de campaña, cuatrienio tras cuatrienio, solía ser el mismo. Así como lo lees. Ambos candidatos se habían postulado en múltiples ocasiones para puestos electivos sin salir favorecidos. Las viejas posturas, prácticas y estrategias políticas me hicieron dudar si correr sería lo correcto. Aun así, acepté el reto de hacerlo, reconociendo que la decisión cambiaría por completo el rumbo de mi vida.

Tu salud física y emocional es vital para ganar la carrera de la vida

Diseñar y participar en campañas políticas, ser CEO (*Chief Executive Officer*, por sus siglas en inglés) en una empresa u ostentar cualquier posición de liderazgo conlleva largas horas de trabajo. Es una carrera de veinticuatro horas, los siete días de la semana. Durante el tiempo de campaña electoral, trabajaba de 8 a. m. a 3 p. m. como maestra del Departamento de Educación de Puerto Rico. Para ser honesta, no tenía tiempo de llegar a mi casa, cenar y descansar antes de continuar con la carrera para las elecciones. Salía de trabajar para participar de reuniones, debates, visitas a los hogares, caravanas, entre muchas otras actividades. Además de ser candidata a legisladora municipal, fungía como secretaria de campaña de uno de los candidatos al Senado. Siempre había trabajo que realizar. Cuando no nos encontrábamos realizando trabajo de tierra, nos dedicábamos a manejar las redes sociales o a hacer llamadas para convocar a los electores. Es un trabajo que me apasiona y que nunca me ha costado demasiado esfuerzo, ahora lo sigo haciendo como consultora política. En ese momento, sentía que era una heroína y tenía toda la juventud por delante. Solía pasar largas horas sin comer y ni hablar del tiempo que pasaba sin dormir. Sin embargo, un día mi cuerpo decidió darme un ultimátum. Me tuvieron que llevar al hospital y allí me recluyeron por más de un mes. Mis riñones estaban en peligro. Contraje una infección debido a múltiples cálculos renales. Durante ese mes, sufrí intervenciones quirúrgicas en múltiples ocasiones. Estaba tan inmersa haciendo campaña que perdí por completo la noción de cuidarme. Olvidé que para poder realmente ayudar a las comunidades, debía estar sana. Si lo que te acabo de contar no te parece alarmante, no te preocupes, esta es una lección que sólo se aprende cuando se pasa por la experiencia.

Estando en el hospital, continuaba haciendo llamadas para conseguir endosos para el candidato al Senado. Con el pasar de las semanas, verme encerrada en un cuarto de hospital me llenó de frustración, de ansiedad y desánimo. Te confieso que, en ese momento, me sentí completamente sola. Venían a mi mente pensamientos y sentía a flor de piel incertidumbre y emociones sobre cuál sería mi futuro político luego de esta enfermedad. Es imposible ser feliz y vivir en equilibrio enfocados en lo que vendrá. Lo importante es el hoy y trabajar para el éxito del mañana. Me cuestionaba si había hecho lo correcto al dejar de dormir, de comer y dejar de compartir con algunos de mis familiares poniendo como prioridad la política. Al salir del hospital, estuve un mes más en recuperación y visitas de seguimiento hasta que mi salud mejoró por completo. Si aspiramos a dedicarnos a la política, es importante tener presente que ganar una campaña es sólo el comienzo de una gran carrera de servicio público, por lo que debemos estar cien por ciento saludables física y mentalmente para cumplir con nuestras responsabilidades. Nuestra salud y la de nuestro equipo de campaña debe ser una prioridad.

Contar con el apoyo de tu familia es ganar la elección

Si fueras candidata a un puesto político, ¿votaría tu familia por ti? Durante la campaña, y luego de haber ganado las elecciones, mis familiares consanguíneos y amigos fueron bálsamo y aliciente a mi espíritu. A pesar de que ellos en su gran mayoría no participaron directamente de la contienda política, eran quienes me aconsejaban y llenaban de ánimo en todo tiempo. Tengo conocimiento de que mis familiares votaron por mí. Si ellos no hubieran confiado en mi capacidad, no estaría hoy escribiendo sobre este tema.

Muchos expertos en temas de política debaten si es apropiado incluir a la familia en las campañas. El trabajo para ganar una campaña conlleva veinticuatro horas y siete días a la semana por lo que recomiendo que, en la medida de lo posible, se incluya a la familia. En caso de que la candidata o el candidato tenga pareja, este o esta debe tener un rol protagónico en la campaña. Las parejas de los candidatos son un reflejo de quiénes realmente son los políticos en su hogar. Es una excelente manera de relacionarse y crear empatía con el electorado. Esto se debe realizar de una forma organizada e incluirlos en las capacitaciones que se realizan como miembros del equipo de trabajo del candidato. También, nos encontraremos con familiares que tengan una forma distinta de ver la política, aquellos que no creen en el partido por el cual nos estamos postulando o simplemente no les interesa en lo absoluto la política. No permitamos que estas diferencias dividan o laceren las buenas relaciones familiares. Si alguien en nuestra familia no comparte nuestra ideología, no los obliguemos ni critiquemos, más bien presentémosles nuestras propuestas y recordemos que la opinión pública cambia a través de lo que las personas hablan. Si no logramos que nuestro círculo más cercano crea en nuestras ideas, no esperemos convencer a todo un pueblo.

Del storytelling a la realidad

Todas las personas, sin importar la edad, aman las historias, incluyendo a los electores. Durante la etapa de infancia, nuestros padres nos duermen contándonos historias de superhéroes y princesas. Por tal razón, es común que cuando crecemos, contemos historias fantásticas de forma espontánea. Sin embargo, ¡detengámonos! En la política, la mejor historia es la de nuestra vida real. La historia debe conectar con las emociones del electorado, por lo que narrar una historia en la que la otra persona se pueda ver y con la que se pueda sentir identificada, es lo ideal. Compartir sucesos de nuestra vida para que conozcan quiénes somos realmente es buena idea. Así, no tendremos que pretender ser alguien que no somos. Mostrémonos auténticos con nuestras altas y saquémosle provecho a nuestras bajas. ¿Quién dijo que tenemos que ser perfectos? Durante muchos años, cargué sobre mis espaldas los dobles estándares que sufrimos las mujeres en la política. La vida privada pasó a ser pública, con malinterpretaciones y juicios. Hoy día, lo utilizo a mi favor como consultora, oriento a las mujeres que deseen incursionar en este campo.

Durante mis años de juventud, me gustaba ir a fiestas, cantar en el karaoke, tomar margaritas y tener una pareja a mi lado; sobre todo, amaba la idea de que la política fuera distinta. ¿Quién en sus años de juventud o durante su vida no ha cometido un error? Todos, supuestamente, nos amamos más que a los demás; sin embargo, lo cierto es que nos importa mucho más la opinión de otros que la nuestra. Con el tiempo, y gracias a la madurez que nos dan los años, la historia se ha ido refinando. Compartamos nuestra historia y sintámonos en la libertad de ser genuinos. Ya conoces parte de mi historia. Desde hoy, abraza tu historia, perdona tu pasado y ama tu presente. Los electores necesitan políticos más humanos y menos historias fingidas.

Piel de elefante

¿Alguna vez has visto un elefante?, ¿has observado el grosor de su piel? Al detenernos a mirar un elefante, veremos que su piel es gruesa, pero también cuenta con zonas delicadas como las de la trompa y las patas. Además, tiene áreas donde la piel es muy fina como la del pecho, las axilas y la que rodea sus ojos. Cuando pienso en mi carrera política y en mi vida en general, puedo reconocer que he tenido que aprender a tener piel de elefante o a lo que en Puerto Rico le conocemos como "tener el cuero duro". En ocasiones, mostramos nuestro lado blando, suave y vulnerable cuando toleramos las críticas, los insultos y desacuerdos del equipo de campaña contrario o, peor aún, de los cercanos a ti. Esta es una buena oportunidad para evaluar si estamos haciendo lo correcto. También, debemos saber cómo afrontar las críticas y sacar lo mejor de ellas. No es momento de pelear con el opositor, tampoco de encerrarnos en un cuarto a llorar; es hora de sacar a pasear nuestra piel de elefante y demostrar nuestro mayor potencial. Si al evaluar las críticas y reunirte con tu equipo de trabajo, encuentras que sus acusaciones no tienen fundamento, te repito, ¡no pelees! eso es justo lo que ellos quieren. Respira profundamente y recuerda al elefante: aunque tiene zonas delicadas y finas ante nuestros ojos, su piel es gruesa y difícil de traspasar. Permite que tu equipo de campaña realice su trabajo y maneje las crisis de la mejor forma posible, intenta mantenerte enfocada en tu campaña y vístete con piel de elefante. Se rumora que si hablan de ti es porque debes estar haciendo algo bueno.

La imagen corporal y la autoestima sí importan

La imagen corporal se puede definir como la manera o percepción en que una persona se ve a sí misma. Esta percepción es determinada por la cultura, la época, el lugar donde vivimos, etc. Sin embargo, la imagen se refleja también a través de nuestras emociones y sentimientos al mirarnos al espejo. No se trata de cuánto maquillaje utilicemos ni de vestir ropa de diseñador y a la última moda, aunque hacerlo no tiene nada de malo. Se trata de amarnos como somos. Es tener una buena autoestima (percepción que tenemos de nosotros mismos) y que nuestro cuerpo refleje nuestro mayor potencial. Una candidata o un candidato con buena autoestima será capaz de transmitir el mensaje que desea llevar al electorado con seguridad y precisión. No tendrá temor de decir lo que siente ni de prometer el cambio mirando a sus electores a los ojos. Podemos transformar y modificar nuestra imagen personal a través del tiempo. Si al leer este capítulo, entiendes que necesitas un *upgrade* en este aspecto, la buena noticia es que siempre estás a tiempo de evolucionar en el proceso.

Durante mi campaña electoral, uno de mis aliados fue la seguridad con la que lograba proyectarme. Creía que podía y aquello que tenía en mi interior se reflejaba en el exterior. Uno de los mejores ejemplos es que me atrevía a expresar mi opinión, mis posturas y argumentos, aun en contra del partido por el cual había ganado las elecciones. Tu imagen corporal, la idea que tienes sobre ti, una autoestima saludable, te ayudarán a tomar mejores decisiones. Al conocerte, entenderás tu propósito de vida y, sin importar cuántos obstáculos encuentres en el camino, podrás cumplir con la misión que te han encomendado. Una imagen corporal positiva también te ayudará a ser más optimista y feliz. Disfrutarás cada etapa de la campaña, entendiendo que el valor que tienes es incalculable y que debes compartirlo con otros. Recuerdo que cuando era una niña participé en múltiples competencias de oratoria. Solía practicar mirándome al espejo, no sólo para ver mi lenguaje corporal, sino también porque me daba mucha seguridad hacerlo. No tengas temor de mirarte al espejo, ámate mientras observas tus virtudes, reconcilias tu pasado y abrazas tu victoria.

Un nuevo round

El deporte sirve para entrenar los cuerpos, pero también las mentes más audaces. Uno de los deportes que requiere de más entrenamiento, persistencia y enfoque es el boxeo. Lo que más me llama la atención sobre este deporte es que no tienes que salir victorioso en todos los *rounds* para ganar la pelea. En la política y en la vida diaria, habrá momentos en los que ganaremos por *knockout* y, en otros, simplemente por rendición física del adversario. Debemos conocer cuál es el mejor tiempo para entrar y dar nuestro mejor golpe. Los boxeadores profesionales ganan un combate cuando obtienen la mayor cantidad de puntos o si el juez determina detener el combate antes de que suene la campana final. Estas son algunas de las técnicas o estrategias que utilizan los boxeadores para obtener la mayor cantidad de puntos: en primer lugar, los jueces otorgan puntos por golpes limpios. En la campaña política, nuestros golpes deben ser de ideas y acciones que podamos poner en práctica una vez ganemos esta pelea, entiéndase las elecciones. No podemos pretender ganar dando golpes bajos o en las espaldas, pues quedaremos descalificados antes de que logremos levantarnos. Una segunda forma de obtener puntos en este deporte es por defensa y manteniendo la guardia. En la política, cualquier estrategia para presentar buenas ideas es permitida. Se trata de realizar una campaña de contraste en la que les muestres a los electores qué te hace distinto al otro candidato y por qué mereces ganar la elección. Esto se logra implementando estrategias de redes sociales, lecturas de calle, debates, etc. En tercer lugar, cuando el asalto está empatado, el boxeador que muestre mejor habilidad para lograr los movimientos de ataque y defensa resultará con más puntos. En la política, debemos mantenernos enfocados en la campaña, actuar con prudencia y siempre responder con una idea. No debemos llevar una campaña sin estrategias, pensando que el adversario no es tan bueno como nosotros.

Debemos entrar al ring con entrenamiento y conscientes de que el oponente también se preparó para ganar esta pelea.

En el 2015, cuando incursioné nuevamente en las campañas políticas, llegué sola al ring. Contaba con el apoyo de los electores, pero hacía años que había dejado a un lado la política partidista para dedicarme de lleno a mis estudios. Sin embargo, si queremos ganar una elección y transformar un pueblo, es necesario prepararnos, estudiar, adiestrarnos y capacitarnos física, intelectual y emocionalmente antes de entrar al ring. Lo que me llena de entusiasmo es que soy humana y, aunque en la vida política he perdido uno que otro round, aún los puntos siguen contando y la pelea no se ha terminado, soy consultora política.

Ahora que conoces un poco de mi historia como política, a continuación, te ofrezco algunas sugerencias que utilizo desde mi experiencia con los y las candidatas a quienes asesoro como consultora:

- Retoma los sueños que tenías de niña o niño. De adulta o adulto, no permitas que las voces exteriores limiten tus oportunidades. Eres una superheroína, un superhéroe. Yo creo en ti.
- Siempre que tengas una oportunidad en la vida, aprovéchala, no la desperdicies. Acepta los retos con sabiduría, pero arriésgate.
- Acepta y agradece la asesoría y apoyo de los mentores. Son ellos quienes te ayudarán a crecer en el camino del liderazgo.
- Si deseas ser candidata o candidato para un puesto electivo, debes plasmar por escrito tu plataforma de trabajo,

presentar tus ideas con hechos, no sólo con palabras bonitas y pancartas.

- Antes de tomar una decisión importante, evalúa qué es lo correcto y las oportunidades en frío, no te dejes llevar por la emoción y euforia del momento.

- Vive en equilibrio y enfocada en el hoy. Lo importante es el hoy y trabajar para el éxito del mañana. Tu salud física y emocional debe ser una prioridad en tu vida.

- Ninguna persona tiene el derecho de desprestigiarte, juzgarte o minimizarte por ser madre, jefa de familia, estudiante, divorciada, soltera, viuda, flaca, gorda, alta o baja. No se lo permitas.

- Contar con el apoyo de la familia es vital para ganar una elección o ejercer un rol de liderazgo. Son ellos quienes te aconsejarán y llenarán de ánimo en todo tiempo.

- Sé auténtica, auténtico y real siempre. Eres genial tal y como eres ahora. Ámate y no le des mayor cabida a la opinión de los demás que a la tuya propia.

- Haz uso correcto de las redes sociales. Recuerda que todo lo que publicas puede ser usado a tu favor o en tu contra.

- En ocasiones, debemos "tener el cuero duro" para aceptar las críticas constructivas y crecer.

- Tener una buena imagen corporal, la idea que tienes sobre ti y tu autoestima, te ayudarán a tomar mejores decisiones, a ser optimista y mucho más feliz.

- En la política y en la vida diaria habrá momentos cuando ganaremos por knockout y en otros, simplemente por rendición física del adversario. Debemos conocer cuál es el mejor tiempo para entrar y dar nuestro mejor golpe.

- Enfoca tu mirada en aquello que deseas alcanzar. Detente, observa, reflexiona, analiza y crea una estrategia bien pensada.

BUENA GESTIÓN DE GOBIERNO QUE NO COMUNICA, ¿QUÉ GOBIERNA?

Por: Augusto Hernández

Durante los diecinueve años que he tenido la oportunidad de trabajar como consultor, ya sea fiscal, corporativo, empresarial, político o gubernamental, mi andar me ha regalado diversas experiencias de vida, la mayoría positivas y otras… sin duda enriquecedoras —ya saben que siempre digo que me podrán ver ganar o aprender, pero nunca me verán perder—. He tenido la oportunidad de visitar algunos cuantos países del continente, en todos, para realizar trabajo, alguna gestión o apoyar algún proyecto, ya sea como encargado de él o en otros casos, dentro del *cluster* de personas o agencias que lo atienden.

En el volumen anterior de este "anecdotario" comenté sobre una experiencia en una municipalidad de Honduras, en donde un candidato intentaba lograr ser alcalde. Durante este proceso, obviamente realizamos investigación, toda la que pudimos, con lo que pudimos y en donde pudimos, la cual, la verdad fue poca —pero honesta— y con eso trabajamos —es lo que había y ni para quejarse—; sin embargo, analizamos que durante más de una década en el poder por parte del partido contrario, no se habían cumplido las diversas promesas de campaña y sobre ello se diseñó la estrategia de campaña B, contraste y "negra" —la neta sí lo hacemos, ni digan que soy mala persona—, para visualizar la imperiosa necesidad de que alguien les rescatara —arquetipo de héroe— y obviamente, ese debía ser nuestro candidato.

No, no se preocupen, que este capítulo no va de nuevo de aquella campaña, pero creo que unas líneas ayudarán a dar el contexto para lo que viene. Resulta que la gente del equipo local nos decía que, durante años y campañas, los "rojos" habían prometido una casa de cultura —sin cumplirlo—, que habían prometido drenaje en un lugar que se inunda horriblemente —sin cumplir—, un puente elevado —sin cumplir— y así, una gran cantidad de promesas que no llegaban a realizar. Lo que me llamaba la atención es que seguían ganando y algo debía haber por ahí.

Al estar en la "plaza" —suena muy de cártel ¿verdad?—, es decir, ya en la ciudad y haciendo "tierra" con los equipos locales, me llamó la atención ver que tenían una bella ciudad, que había movimiento económico y ello hacía que hubiera oportunidades de empleo. Lo mejor de eso, es que muchos de estos empleos eran bien pagados —un regidor cobra 5,000 dólares al mes y puede ejercer su profesión aparte—, compraban comida en vez de prepararla en casa y otros tantos aspectos que me permitían ver que se cumplía en gran medida, con el círculo virtuoso de la economía en un pensamiento keynesiano; la gente consume, las empresas consumen, el gobierno consume y esta demanda agregada, se convierte en el motor de la economía, el cual, conlleva a un aumento en la producción y al empleo, con lo que la gente tiene recurso para gastar, otros para contratar y el recurso se mantiene en movimiento.

En este puerto tan importante de Centroamérica, no se habían cumplido las "promesas", pero la gente tenía empleo, lugares de diversión, dinero en la bolsa y eso percibía, eso estaba en el imaginario colectivo y debemos recordar que, en política y gobierno, la percepción lo es todo.

Cuando concluyo un proceso electoral y el trabajo o la fortuna se reúne con la voluntad popular en las urnas, siempre me gusta preguntarle a mis clientas o clientes: "Ya ganamos, ¿y ahora qué?", esto porque estoy convencido de que no hay forma de comunicar desde gobierno como se hizo en campaña y me urge que también lo comprendan. Bien dicen en mi pueblo que "no es lo mismo ser borracho que cantinero". Para quienes no son de México, este dicho popular trata de hacer una analogía sobre el rol en un bar: cuando eres el que pide la copa, siempre deseas que por tu dinero te sirvan más cargado —más cantidad—; mientras que, si eres el dueño del lugar o responsable de servir (*barman*), deseas ponerle menos alcohol para que las ganancias sean elevadas al vender mayor cantidad de copas por botella.

Así, al final del día cuando estás en tu rol de civil o parte de la ciudadanía y sin estar dentro del aparato gubernamental (municipal/cantonal, departamental/estatal o federal/nacional, según aplique en sus países), consideras que se está haciendo poco por ti con tus impuestos, pero esto puede ser por dos cuestiones: la primera debido a que efectivamente la gestión ha sido pobre o nula —miren que de eso sé, con la pasada gestión de un tal Hipólito en mi ciudad natal—, y la segunda, puede ser derivada de una incorrecta o ineficiente comunicación.

Hoy, estas líneas desean enfocarse en la segunda, ya que de la primera estamos muy cansados en toda América Latina y gran parte del mundo, la solución sólo está en las urnas y nuestra cultura cívica, debemos entender que para esos "pequeños" errores no hay "pastilla del día siguiente", y que debemos cuidarnos al elegir el empleado o empleada que pondremos a dirigir los designios de nuestra sociedad. Pero bueno, regresando al punto en donde no se comunica de forma efectiva, el gobierno a cargo de quien sea, que no lleva a cabo un proceso de comunicación centrado en la población y en mostrar los avances a su favor, está sentenciado a no gobernar y esto no lo digo yo ni la Biblia, lo dicen miles de experiencias "no positivas" a lo largo y ancho del mundo.

Gobierno viene del griego (κυβερνέιν kybernéin) que significa "dirigir". Por ello, gobernar se entiende o acepta por el imaginario social colectivo como "la acción de ejercer dirección, gestión o control de un Estado, ciudad o colectividad…", así, cuando un gobierno no comunica poniendo en el centro de la estrategia y la ejecución a la misma a la ciudadanía, no puede estar gobernando, haga o no correcto uso y aplicación del recurso o el poder conferido. Esto es fácil de entender al ponernos del lado del "borracho" o mejor, de la colectividad civil, para que no se lea mal, en donde el rechazo a las instituciones y más a aquellas referentes a lo político nos deja arrancando con un sesgo cognitivo —confirmación, negatividad, halo—.

Es común sesgarse o escuchar que la población se cuestione cosas como: ¿qué se está haciendo por mí?, sigo pasando por el mismo hoyo, bache, charco diario, ¿no?, ¿con qué me apoyan?, me regulan, me limitan, me requieren impuestos, pero no veo en qué me beneficia eso, ayudan a otros, pero ¿cuándo me toca a mí?, ¿cuándo estará mi calle o la lámpara de fuera de mi casa?

Esto se debe a otras dos posibles variantes o variables; la primera, radica en la falta de empatía y en la secularización de nuestra sociedad, en el hiperinvidualismo y en la necesidad de diferenciación ante otros —no dejen de leer a Lipovetsky, por cierto—; la segunda, en la mayoría de las ocasiones, es resultado de no conocer que se está haciendo en el m² de otros, cerca del mío o en el mío, en los espacios por donde transito o que, indirectamente, me permiten llegar a trabajar o realizar mis actividades cotidianas, y en el mejor de los casos, conozco algunas acciones de gobierno, la ejecución de obra pública y de los recursos, pero no se ha logrado hacer que lo valore, asimile, apropie como beneficio, y perciba como algo positivo en favor mío y de mi espacio personal.

Pues se acaban las páginas que me dejaron escribir y no he comenzado mi anécdota, así que: "voy que te quedó jabón", "adentro que están cenando", "ahí te voy Viviana Vivianita" o para que comprendan ustedes sin modismos de mi estado, agárrense fuerte que comenzamos.

Muy tranquilo en casa me disponía a darme unos días libres, había sido un año con bastantes viajes y como saben los que se dedican a esto —consultoría y comunicación política—; noviembre es el mes de los premios de la industria, toca viajar a Washington, al Caribe o a algún país Sudamericano —Colombia, Dominicana, Panamá, etc.— dependiendo de la sede elegida, para la entrega de diversos premios, en donde por cierto, el anecdotario de AICODI estuvo nominado como mejor libro de comunicación política. Así que una vez que se acababa la temporada de premios —por cierto, ganamos triple corona, eh, *Napolitan*; ALaCoP y *Reed* Latino para la vitrina de la oficina—, dije en casa que me daría unos días libres, que no haría nada y estaría en casa haciendo lo cotidiano, lo que por trabajo no siempre se puede hacer —ir con el Jr. a la cancha a tirar un rato o ver la peli de Sandler por diezmilésima ocasión—, pero como pasa en estos casos… no fue como lo planeaba.

Afortunadamente alguien pensó en un servidor cuando dijeron: "Necesitamos ayuda de un grupo de consultores que sepan" y después de unos enroques complejos y realmente fuertes, llegué como estratega general a un municipio del Pacífico mexicano —por cuestiones de confidencialidad no será señalado, pero igual dan fácilmente con el lugar, el litoral del Pacífico nacional y Golfo de California sólo tienen 7,828 km, así que segurito dan bien fácil—. Al llegar a la plaza, durante lo que sería mi tiempo de vacación, tuve juntas con diversas personas, y traté de involucrarme lo más rápido posible con el proyecto, pero había "alguien" trabajando aún y por cuestiones de ética y respeto a él, no podía meter mano de una.

Se realizaron tres visitas de aproximación o acercamiento, hasta que nos dijeron: "Okey, van de lleno a apoyar" y así comenzó la verdadera lucha. Como en todo espacio y por naturaleza humana, la resistencia al cambio fue brutal y desde la primera junta o reunión existieron malas caras, gruñidos, desdenes, "volteones de jeta", miradas constantes al reloj y expresiones faciales similares a un "Pufff, eso lo sabe el que sea" o "No mames, ni que fuera yo nuevo(a)". La forma de trabajar era rudimentaria y al mismo tiempo temeraria, tal vez excesivamente irresponsable y un poco "muy" peligrosa. He tenido la oportunidad de ver y estar en diversos gobiernos, pero este tenía una peculiaridad que no identificaba en ninguna otra experiencia previa: esta peculiaridad —ahora lo entiendo al tiempo—, era la que más allá de un mal o deficiente trabajo de comunicación, una incorrecta estructura de mando, una pésima actitud ante el conocimiento y experiencia o una posible falta de interés al no preocuparse por atender las reuniones o conocer más de cerca lo que se pretendía aportar, se basaba en poseer un verdadero diamante en las manos, pero no tener la menor idea de qué engarce le favorecía más a la joya para venderla al precio más redituable.

Tenían —tienen aún— un personaje "limpio", extremadamente limpio; tanto que al llegar no lo podía creer. Inmediatamente pedí a la empresa de ciberseguridad —Ciberseguridad NG— que me acompaña en la mayoría de proyectos, que hiciera su trabajo y me dijera la situación real. No podía creer que durante el clásico "necesito que me diga *todo*, todo lo que puede hacernos daño…", la respuesta hubiera sido tan corta. Durante esta parte del trabajo, como consultores o consultoras nos damos varias horas, días —tiempo—, para obtener hasta el último detalle que se pueda; siempre necesitamos estar empapados de *todo* lo que otras personas no saben o nunca sabrán. No nos importan los "chismes" o "rumores", necesitamos saber de viva voz qué "pecados" han cometido y que pueden salir durante lo que venga —sea lo que sea—; una campaña, una reelección, una crisis o simplemente un divorcio que será nota en el medio local.

El siguiente factor identificado —también lo digo al tiempo, porque en ese momento no lo vi—, es que al igual que mi estado, Veracruz, lo tiene todo: selva, playa, montaña (la más alta de México), bosque, valle, biodiversidad, cuevas, cultura, siete lenguas originarias, vestigios arqueológicos, culturas milenarias, etc. Mi padre, Augusto Hernández, —sí, yo soy el II y bueno, el Jr. realmente es el III—, desde que tengo memoria ha sostenido: "Aquí (refiriéndose a Veracruz) la gente es floja en su mayoría, porque lo tiene todo. Tenemos una tierra tan rica, que el flojo come un mango y por no llevar el hueso a la basura, lo tira para atrás y al tiempo tiene un árbol de mangos…". A eso que siempre ha dicho él, yo añadí: "En Veracruz lo tenemos todo, hasta veracruzanos", haciendo referencia a que, a tanta bendición, era necesaria una fuerza extremadamente poderosa que diera equilibrio a la ecuación, así que Dios, en quien ustedes crean o lo que piensen que nos puso aquí, decidió que no había nada más poderoso para igualar tanta riqueza que darle veracruzano(a)s a esta tierra bendita.

El tercer factor y último a comentar antes de acabarme el espacio, es que existían diversos cotos de poder —esto no nuevo para mí; sin embargo, la forma era lo diferente— muy peculiares y que no pueden ser compartidos de ninguna forma. "…Posible actualmente o futura" dice el contrato, o en palabras coloquiales: "diario había misa de muchos padres", "hasta el más chimuelo, mascaba tuercas", "hasta el más pendejo era cabrón", "ah pues, yo más que tú siempre", "a ver, supérame si puedes", vaya, en términos simples, todas y todos eran patrones para hacer lo que "alguien más decía", nadie quería parecer menos y aunque en algún momento la mayoría decía: "¡Vamos a darle!", no había quien diera el primer paso, nadie se animaba a comenzar la acción para no verse como que estaba siguiendo instrucción del "par" a un costado. Ahí, en esa primera experiencia "casi religiosa", se acuñó la frase que más le gusta al equipo de consultores asociados —*pull* o *cluster* de consultores—; "Mueve la mesa, sí, mueve la mesa… Claro, mueve la mesa… sí, hay que mover la mesa", para burlarnos de la falta de compromiso y empatía en el equipo local de servidoras/es y funcionarios/as.

Tuvimos diversos acercamientos y en ellos, de a poco, a cuenta gotas, gotas muy pequeñas, casi imperceptibles a la vista humana, íbamos obteniendo información. Durante el: "yo hago esto, pero fulano o fulana de tal —así decimos en México para referirnos a alguien sin dar el nombre— no apoya" o "yo propuse que fuera así y fulana dijo que no, que no era correcto…", pudimos ir recopilando datos. La cereza del pastel llegó cuando apareció en escena el personaje principal que nos contó las miles de acciones de gobierno realizadas y por realizar. Algunas de ellas, parecían sacadas de un cuento de hadas, ciencia ficción, futurista o de la imaginación de Guillermo del Toro —cineasta mexicano ganador de diversos premios Oscar—, pero lo decía muy seguro de sí y de ello, tanto que mi cerebro voló, pensando en cómo era posible —que mintiera tan bien, ¿habría sido entrenado, era un político experimentado aun siendo de corta edad? No tenía entrenamiento en discurso, pero ¿acaso se dedicaba a ser guionista de cine o teatro?—, que tantas cosas realmente estuvieran pasando en un ayuntamiento de ese tamaño y más allá de eso, ¿cómo era posible que no supiera yo de la existencia de tantas cosas positivas e interesantes, si me había preparado para la visita barriendo redes, medios, pidiendo al Ricky C escucha digital, la web y más?

Negociaciones aquí y allá, nada nuevo bajo el sol para los que hacemos esto. Nunca hay dinero y eso es real a veces, siempre es por sumar a la causa y apoyar al bien común, pero en el ir y venir de cómo poder apoyar, se quedaba en el aire poder comprobar que sí existían en el mundo tangible y no sólo el imaginario, las acciones que se nos habían contado en aquella habitación del hotel… ¡Ah!, ¿apoco creyeron que daría alguna pista? Les falta barrio a los que sí y a aquellos que no se dejaron engañar, tienen palomita —guiño, guiño, carita facherita—.

Con la información que se obtuvo con la revisión documental desde el escritorio, las clásicas subidas al taxi o Uber para que el o la conductora "suelte la sopa", las visitas a variados bares y restaurantes —sólo por cuestión laboral—, entrevistas con personal del municipio, y cuestionamientos a gente de los establecimientos visitados —tiendita de la esquina, papelería, carnicería, tortillería, polleros (entiéndase como la persona que vende pollo, no los que cruzan a las personas a Estados Unidos), tienda de recuerdos, etc.—, dimos inicio al diseño base de la estrategia a aportar. No se contaba con información más cuantitativa y que hubiera salido de una metodología mucho más presumible, ya que no había recursos y como en la mayoría de los casos, no había sido considerado como herramienta de gobernanza ni presupuestado para su realización.

La base era eso; sólo una base, que había salido de la experiencia en otros espacios, de lo que habíamos captado y obtenido, pero necesitábamos urgentemente verificar con nuestros propios ojos que aquellos "cuentos" no lo eran, sino que se tenían elementos suficientes —técnicos, materiales y humanos— para dirigir un plan de acción, emitir recomendaciones, capacitar y dejar que el equipo local fluyera bajo una guía, pero: una visita y… trabas; otra visita y… poco tiempo para atendernos; una visita más y… hoy ya no se pudo; de nuevo llegamos y… al perrito le duele la muela. No había avance y sólo estábamos generando contenido de "color" para cuando llegara la "carnita", le diéramos con todo —quién iba a pensar que después de todo eso, el cliente diría: "No veo avances", pero esa es otra historia—.

Un día —bueno, ya era de noche—, vimos a lo lejos la luz. Nuevamente nos reunimos con aquel personaje, "el de los cuentos tipo Del Toro" y durante un recorrido para ir por elotes en la zona centro del pueblo, me percaté de que había abundante basura en diversas esquinas, y que daban un pésimo aspecto a la zona turística y más visitada. Sin embargo, en las siguientes vueltas —ya saben, la costumbre en los pueblos de dar muchas vueltas en el centro—, la basura ya no estaba en varias de esas esquinas, el tiempo pasaba y era cada vez más tarde —o más temprano, depende para qué—, el reloj marcaba cerca de la 1:00 a. m. y mientras seguíamos los recorridos para conocer más los espacios y en algunos casos identificar áreas de oportunidad, vi a lo lejos un camión recolector de basura y pensé que era raro —tal vez había fallado algo y apenas pasaba por la zona—, ya que en mi pueblo no pasa tan tarde; es más, ni pasa diario en todas partes.

Pregunté al individuo en cuestión, el motivo por el que estaba pasando el recolector en ese horario, a lo que sin pensar respondió: "Es la hora normal a la que pasa, en esta zona pasa cuatro o cinco veces al día…". Al escuchar eso y la naturalidad con la que lo dijo, quedé estupefacto. Incrédulo hice la repregunta: "¿Diario?", "Sí, diario", dijo él —en tono de extrañamiento—, y aprovechó para agregar: "En esta administración se adquirieron nuevos vehículos y se recuperaron algunos que ya no servían, se trajo de esos gabachos que aprietan la basura para que le quepa más en el camión…" y yo nuevamente caí en la incredulidad. Me parecía increíble —para mí y mi contexto personal— que el recolector de basura no sólo pasara diario, sino que lo hiciera cuatro y hasta cinco veces en el mismo día. Esto está buenísimo para venderlo como atención de la Agenda 2030 de la Organización de las Naciones Unidas (ONU), dije yo para mis adentros. Pensé en cuántos Objetivos de Desarrollo Sostenible (ODS) atendía y cuántos más vía educación, salud e infraestructura, podía alinear. Pregunté cómo se llamaba el "programa de limpia pública" implementado y cómo se había comunicado. Ahí dejó de existir el tono natural, pero siguió el de extrañamiento, limitándose a responder: "No, pues, sí se hizo. Se publicó algo". Sabía que había un diamante para explotar, y eso hizo mi mente: explotó en ideas para difundir las bondades del servicio público de calidad brindado, ideas sobre cómo pediría piezas testimoniales de comerciantes de la zona, los beneficios que percibía el sector turístico al ver áreas completamente limpias y mil cosas más.

Durante otras visitas, pudimos observar que se ejecutaban diversas acciones de gobierno, todas en beneficio de la comunidad, salud, desarrollo social, recuperación, limpia y poda en espacios lúdicos y deportivos, instalación y cambio de luminarias, atención a calles, pintura y más; sin embargo, nuevamente al preguntar "¿Cómo se llama el programa?" la respuesta era similar, a veces con un "No tiene nombre" y otras más con un "Le decimos de tal forma y otros le llaman diferente, pero en sí no tiene nombre".

Junto a mí, ese día estaba un personaje bastante simpático y de trato desenfadado, que va por el mundo contando historias y generando contenido. Nos miramos al escuchar eso y ambos supimos que debíamos ponerle nombre y apellido a todo; necesitábamos contar historias y, además, llenar los espacios de comunicación vacíos con nuestras historias —las del pueblo en cuestión— y no dejar que otros siguieran llenando esos espacios comunicativos. Pedí acceso y oportunidad de ver un par de "cuentos" más, y ya viendo que no todas esas historias eran intangibles, me dijeron de inmediato: "Que tal persona —una mujer titular al área de desarrollo social— te gestione la entrada y consiga a las personas con las que van a hablar".

Desafortunadamente y para no variar —así decimos en México cuando las cosas siguen igual que antes—, nuevamente no se logró el objetivo, no pudimos visitar los colegios programados y en el hospital al que llegamos, no había nadie gestionado los permisos para grabar testimonios, ni la infraestructura, nada… literalmente nada se había gestionado como se nos prometió; sin embargo, ahí tuve un primer acercamiento con una madre y un padre de familia, ambos beneficiados de un seguro médico que me pareció maravilloso cuando me lo contó "aquel de los cuentos mágicos" y más aún, cuando lo escuché de los propios beneficiados. Hicimos lo que pudimos y grabamos con el apoyo de los padres unos testimoniales. Ya teníamos a una madre e hija beneficiadas del apoyo brindado por el municipio y también contábamos con el testimonio e historia de un padre de familia cuyo hijo había sido atendido, al que le dieron medicamento gratis y que había recibido el apoyo sin pagar un solo peso de su bolsa. Con lágrimas en sus ojos, manifestaba cómo la situación económica no era la mejor y eso era un "aliviane para el bolsillo", pero no podíamos terminar de contar la historia sin tomas de color, sin algo que nos ayudara a vestir las piezas y que mostrara la atención y la calidad de los equipos con los que lo hacían.

Al paso de las visitas, de asistir a los eventos en donde se brindaba apoyo mediante diversas acciones de gobierno a la sociedad, reuniones con gente del sistema DIF, en donde nos contaron cómo recibían apoyo de empresas privadas y lo transformaban de propia mano en ayuda a la sociedad, trabajando horas extras y en días inhábiles, transportando los donativos, cargando, descargando, pesando, embolsando, empacando, cargando y descargando de nuevo, para entregar un poquito de amor en esos eventos, decidimos no esperar más y lanzar una estrategia que visibilizara con rostro y nombre a la gente del ayuntamiento, que al igual que la ciudadanía se levanta día a día desde temprano, prepara a las y los hijos, hace desayuno, viaja en transporte público, transborda, trabaja jornadas largas y extras para cumplir con lo suyo, pero desafortunadamente, para no variar no se logró concretar la estrategia.

Lo bueno de estas visitas y reuniones fue encontrado de casualidad, y esto gracias a estar ahí presentes en todo, aunque no nos tocaba, así como a la buena audición del "agente N", quien escuchó y observó la forma de actuar e interactuar de un personaje. Me dijo: "Padrino, tienes que conocer a este personaje, creo que es lo que estábamos buscando". Efectivamente lo era. Platicamos un par de horas al finalizar el evento de ese día —todas y todos los presentes se habían ido ya— y entendí lo que decía el agente N; él era quien nos ayudaría a lograr lo que en dos meses los "jefes" no habían logrado hacer. Ese mismo día me convertí en director de cámaras, microfonista, guionista, productor ejecutivo, productor, carga cables y todo lo que se pudo. Con el apoyo de "Saúl Negras" —también para su protección, será su nombre— tuvimos acceso total a las instalaciones del hospital —de tercer nivel— con el que se tiene contratado el seguro médico gratuito para alumnos de nivel "básico". Hicimos tomas de los equipos, de los pasillos, del personal, de la atención a pacientes, de la ambulancia, del paramédico, entrada, urgencias, farmacia, *todo…* absolutamente todo lo que nos había hecho falta.

Para aumentar el apoyo, "Negras" nos apoyó en los traslados. Nos consiguió también que fuéramos recibidos en una escuela pública y que nos dejaran hacer tomas sobre un beneficio enorme que tenía la comunidad educativa gracias a la administración municipal. Llegamos a la escuela en horario en el que no había padres de familia para testimonio, pero era lo de menos; después de mucho pedirlo, teníamos acceso a ver el "cuento" —que no lo era—, sobre un sistema biométrico de seguridad para alumnos, que podía reportar hora de acceso y salida del alumnado a madres, padres de familia y/o tutores legales, así como reportar falta de entregas de tareas y un sinfín de beneficios… Sí, resultaba que no todos los "cuentos" eran imaginarios, sino que varios eran totalmente tangibles.

Presto y siguiendo con las funciones realizadas en el hospital —porque el personaje de trato desenfadado y que cuenta historias por el mundo no había podido ir en esa visita—, comenzamos a producir material y no podía creer lo que veía. Al escuchar y ver el sistema, la aplicación y los beneficios, sólo podía pensar: "Ojalá la escuela de mi hijo —por la que hay que pagar— tuviera algo así, tan eficiente, tan tecnificado, tan tranquilizante para uno como padre o madre en el trabajo o casa". Hicimos y levantamos todo el material que se pudo durante más de cuatro horas. Entrevisté a la directora, al docente encargado del sistema y más, muy feliz por el logro de dos días contra las restantes visitas, pedí reunión con el personaje de los "cuentos", y estelar en cuanto a enlazar con el "alto mando". Una vez más, y para variar, después de largas horas de espera, fuimos recibidos en un espacio bastante desordenado con un: "Sólo eso tenemos…". Vaya, era material en crudo y que por fin teníamos, su gente no nos había podido apoyar para lograrlo antes y el "gran" logro quedó reducido a: "Okey, pues ojalá quede bien".

Se diseñaron muchas estrategias más, muchas piezas más, se enviaron guiones y escaletas propuestas para visto bueno —y nunca revisado—, se trabajó en material para campañas por laterales —*outlets* de ecosistema digital de más de diez medios y cincuenta bajadas—, todo pensado para posicionar al personaje desde su gestión municipal y además, visualizar y lograr que la gente se apropiara de los beneficios. Se diseñó una estrategia de marca ciudad o marca turismo, se hizo la propuesta de una campaña para cada parte de la estrategia que se basaba en un "reto", se diseñó una estrategia que ayudara a informar a la gente sobre los resultados de gobierno, ya que el informe y la difusión de este habían sido de bajo alcance. Para ello se piloteo una cápsula informativa que pretendía hacer un corte de caja de lo realizado durante 1.5 años, pero cada propuesta, cada trabajo, cada estrategia y sus tácticas eran descalificadas con un gran desdén al conocimiento y experiencia. El de los "cuentos", que no siempre lo eran, quería "sangre", quería golpeteo político y no estrategia que no se viera reflejada en "sangre en los medios", quería salir de primero aunque se mintiera, quería salir en mil notas aunque no fueran buenas y eso, eso no me lo podía permitir.

Un gobierno municipal que contrata un seguro médico para todas y todos los estudiantes de instituciones públicas de nivel básico, que permite que sean recibidos en un hospital privado de tercer nivel de atención hospitalaria —alta tecnología e institutos especializados— en caso de sufrir algún incidente de su casa al colegio, durante su estadía en el colegio o del colegio a su casa, sin que los usuarios paguen un peso por el servicio, seguramente es un gobierno preocupado y ocupado en atender las necesidades de salud pública de su municipio. Además, ejerce el recurso en la atención de necesidades de la población y con ello, entrega un beneficio directo a la población más necesitada; sin embargo, estas acciones y la visión de dicha gestión dirigida al bienestar social, se ve opacada casi en su totalidad si la población no hace uso del beneficio, que le cuesta al ayuntamiento y a ellos como sociedad, por no conocerlo, por no saber que existe o por no saber qué procedimiento seguir para lograr recibir la atención.

Un gobierno cantonal o de municipalidad que invierte en recuperar espacios públicos —parques, jardines, luminarias, canchas, calles, juegos infantiles— y brindar jornadas de salud o realizar la entrega de apoyos en especie y capacitación a la población con carencias, es sin duda un gobierno que trabaja, que cumple con la función básica de todo gobierno de realizar la prestación de servicios públicos domiciliarios y las necesidades básicas de salud, educación, saneamiento, recreación y deporte, lo cual no debería ser raro, ni para celebrar; sin embargo, un gobierno que en la medida de sus posibilidades realiza sus funciones básicas, pero no le informa a su población las acciones realizadas y los beneficios sociales de contar con servicios públicos óptimos, será un gobierno que no gobierne —recordado que gobernar se entiende como el ejercicio de dirección, gestión o control de la colectividad—, y que no sea percibido —ojo con esa palabra— como un gobierno eficiente, que entrega resultado o que beneficia en algo a la ciudadanía.

Un gobierno que invierte recursos en sistemas de seguridad biométrico para escuelas públicas, que le dan certeza y seguridad a la comunidad educativa, que informan sobre el rendimiento escolar y que permiten mantener una comunicación directa entre la comunidad, sin vulnerar datos personales como el teléfono personal de los usuarios, es una apuesta segura y que verá frutos más pronto que tarde. Eso hace un gobierno que intenta mejorar la calidad de vida de sus habitantes. Sí, efectivamente, ya adivinaron; no servirá de nada hacer e invertir, si no se comunica y se hace que la gente perciba el beneficio que otros no tienen en la ciudad, estado o país.

Percepción es la imagen mental que se forma con ayuda de la experiencia y necesidad. Esta, es resultado de un proceso de selección, interpretación y corrección de sensaciones; en palabras coloquiales, la percepción es el cómo ven, entienden, deducen, distinguen, captan o asimilan y piensan sobre algo o alguien. Se dice, que la percepción de un individuo es subjetiva, selectiva y temporal. Es subjetiva, ya que las reacciones a un mismo estímulo pueden variar de una persona a otra; selectiva, por la condición humana de no poder percibir todo al mismo tiempo y como resultado, selecciona su campo perceptual en función de lo que desea percibir; temporal, al ser un fenómeno a corto plazo, ya que la forma en que los individuos llevan a cabo este proceso, evoluciona a medida que se enriquecen las experiencias, o varían las necesidades y motivaciones de los mismos.

Así las cosas, una buena o mala gestión gubernamental puede o no estar calificada con base en el logro de objetivos planteados o sus indicadores de gestión, desempeño o impacto, sino por la percepción que la ciudadanía tenga de ella, sus acciones y logros. Por ello la importancia de comunicar efectivamente para colocar una percepción positiva y de beneficio en el colectivo.

Más allá de las formas, tono, color, canal y plataforma en la que se comunica, si se hace uso de técnicas como el *storytelling* o no, la importancia de comunicar efectivamente y con ello lograr gobernar, radica en colocar en el centro de la estrategia y su ejecución a la ciudadanía, al empleador, a quien te brindó o no la confianza de liderar el proyecto. Debemos recordar que no es lo mismo "ser borracho que cantinero" y que la comunicación gubernamental difiere de la comunicación política de campaña, en principio, debido a que no se comunica esperanza y deseos por cumplir; debemos comunicar acciones, resultados, beneficios y con ello, construir percepciones que nos apoyen a lograr gobernanza.

DINERO, EL TODO PODEROSO DE LA POLÍTICA

Por: Elliot Coen

El dinero, el maldito o bendito dinero. El todopoderoso, sin duda. La política no se escapa al poder que tiene el dinero sobre una campaña y sobre una elección. En nuestra América Latina son diversos los modelos de financiación de las campañas, siempre procurando, por parte de las autoridades electorales de cada país, que el dinero "indeseable" no entre en la política. Imposible. Tan difícil como que el narcotráfico y el lavado no entren en la sociedad. Hay dinero bueno y malo en toda campaña política y debemos de protegernos, como consultores, de este último.

Detrás del dinero que llega a la política hay un interés, algo que comprar. Quienes manejan el billete tienen desde buenas intenciones, algunos, hasta muy malas, los otros. Hay dineros que llegan a la política bien habidos, otros mal habidos, hay dineros que llegan formalmente y otros no tanto, hay dineros que se transparentan y otros que no. Casualmente estoy escribiendo este capítulo en momentos en los que se investiga una estructura paralela de financiación en la campaña en Costa Rica, que llevó al candidato Chaves a la presidencia. El dinero, es un asunto político también y los adversarios están atentos a cualquier resbalón para usarlo. Lo cierto es que es mucho el dinero que se mueve en una elección y, por tanto, es un gran negocio, un negocio enorme.

En países como Estados Unidos se mueven billones de dólares alrededor de una campaña política. En nuestros países el circulante en una campaña política es proporcionalmente importante. Cambian los montos según el tamaño de cada país, pero, la importancia relativa es la misma en Estados Unidos, Panamá, Chile o Republica Dominicana. El dinero también elige presidentes, el dinero gana elecciones. No pequemos de ingenuos creyendo que no es así. Quienes tienen poder sobre el dinero a veces tienen poder sobre una campaña, nos guste o no, eso es una realidad. Muchas veces son ellos quienes eligen presidente, diputados, gobernadores, alcaldes.

He hecho campañas con recursos y sin recursos. Como consultores debemos tener claro la desigualdad que existe entre una campaña rica y una pobre. La investigación sobre el origen de los fondos que llegan a las campañas políticas ha desatado escándalos que han servido a los medios para atizar las diferencias y, a los *outsiders*, para cuestionar a la clase política por el origen y uso de los fondos que emplean en sus campañas. Lo "chistoso" de esto es que esos que critican también se han visto envueltos en escándalos de esos. La prueba: el presidente Chaves, que mencioné párrafos arriba.

Nuestros honorarios como consultores pueden también formar parte de esos escándalos, por lo que la primera recomendación es conocer muy bien la legislación electoral de cada país y vacunarse, con un buen contrato, donde queden claros los alcances de su contratación. Son varios los consultores que se han visto "mediatizados" por sus contrataciones en nuestra

América Latina y esa, no es la prensa que debemos buscar para promover nuestros servicios.

Me correspondió manejar lo digital en una campaña que, cuando fui llamado, tenía recursos. Lógicamente, como abejas alrededor de un panal, estábamos todos en procura de un poco de miel. Éramos más que los que deberíamos, todos, evidentemente en procura de una buena tajada del pastel.

Lo primero que hay que hacer es detectar el círculo esperanza que esté alrededor del candidato y su campaña. Por definición, el círculo esperanza lo forman aquellas personas que están en la campaña porque tienen la esperanza de hacerse de unos dólares y/o conseguir una *chamba* en la posible administración. En toda campaña los hay y están, como todos, en su derecho de buscar cómo llevar el arroz y los frijoles a sus casas. Ese no es el problema, el problema es que el consultor esta para dar resultados y debe asegurarse las mejores cabezas y manos para cumplir con éxito su trabajo. Mis años como empresario me han servido para detectar esos talentos y *esquinear* a aquellos que no lo son. Debemos ser implacables escogiendo nuestros colaboradores internos y externos si queremos dar resultados.

Una vez hecho esto, formas tu equipo de trabajo con los colaboradores que vos traes a la campaña y los que forman parte de la estructura del partido, algunos pagados y otros, voluntarios. Estos últimos, algunas veces poco disciplinados porque "ayudan en el tiempo que les sobra". Mi padre me enseñó que compromiso es compromiso y se debe cumplir, ad-honoren o no. Para mí el hecho de ser voluntario no le da derecho a excusar sus responsabilidades con el candidato y la campaña.

En esa campaña había un personaje que se decía el mejor amigo del candidato. Siempre hay de estos, pero a todas luces tenía una motivación económica más allá de la "amistad con el candidato". Como había dinero, presentaba creatividades escandalosamente caras e innecesarias en la comunicación digital. Lo digital es sencillo, lo más natural posible y quienes han estado acostumbrados a los grandes anuncios electorales creen que toda la producción debe ser en cine, con actores consumados, con música inédita, etc., etc., etc., pero no; lo digital es más económico y esto no les gusta a algunos, que como en este caso, quería vender sus grandes producciones cinematográficas.

Claro, entre más caro mejor, pensarán. Sobre todo, algunos publicistas que viven de comisionar con el talento de otros. Nos vamos a enfrentar a eso y debemos estar siempre dispuestos a defender con sangre el uso racional de los recursos. Que el amor por el dinero no nos compre jamás. Nos corresponde producir lo que conecta emocionalmente con el elector, con la audiencia en disputa, no lo que algunos en la campaña quieren por intereses económicos o simplemente por ego. Muchas veces esto se logra sin grandes producciones. El dinero para la comunicación en la política digital debe de reasignarse. Hay que invertir en investigación, en la estrategia y sobre todo en un ecosistema que distribuya correctamente el contenido. Hay que invertir en pauta. Hay que invertir en las cuentas laterales y pautar en ellas. La creatividad siempre es fundamental, pero no pasa necesariamente por gastar en grandes producciones sino por generar contenidos creativos que estén centrados en el ciudadano, que entretengan, que emocionen y que viajen. Punto.

En la asignación de los presupuestos, esta batalla es muy ruda, ya que la política tradicional sigue priorizando a los medios tradicionales y ven lo digital como un medio de segunda o tercera clase. Todos buscan ese inmemorable spot de TV de treinta segundos, cueste lo que cueste. Como consultores, es un pulso que debemos echarnos, sí o sí. Debemos pelear por el presupuesto que requerimos para hacer bien nuestro trabajo.

Una vez armado el equipo, la segunda tarea como consultores es una correcta asignación del presupuesto. Hay que tener certeza de que el dinero se va a gastar donde lo dice la estrategia. Con la estrategia debemos ser disciplinados; recuerden que la política digital es sistemática. Al menos el dinero que está bajo tu responsabilidad. En mi caso, la campaña digital debe ir, toda, al servicio de la estrategia.

Cuesta hacer entender a muchos de los involucrados en una campaña que hay que hacer contenidos y pautar en producciones donde no aparece el candidato y a veces, ni siquiera el logo del partido. Este contenido es muy frecuente en el Lado B y que le asignen recursos a ello es complicado. En los países más actualizados en las formas modernas de hacer campañas como México, Brasil y Argentina, esto no es tan complicado, pero en otros países donde prevalece el "siempre lo hemos hecho así", es todo un desafío.

Los consultores digitales tenemos que entender que somos evangelizadores. No podemos dar por sentado que todos en una campaña entienden de mercadeo político digital. Seamos pacientes y eduquemos, por nuestro propio bien, pero sobre todo para beneficio de la campaña que nos contrató. Presupuestemos parte de los recursos para capacitar; el conocimiento hay que compartirlo si queremos que la política digital forme parte de las campañas. Lo hemos dicho y vivido muchas veces, lo digital es nuevo, no todos saben "cómo se come" y somos nosotros quienes debemos enseñar. Créanme, cuando compartes conocimiento, ganas aliados dentro de una campaña. Invierte en capacitación; el dinero que se emplee en eso, reditúa. Sumas voluntades a tu causa: la promoción de la política digital.

Finalmente, asigna recursos para la investigación. Si es una campaña supuestamente rica como esta, que me inspiró para este capítulo, cuando llegues te van a pasar mucha información, como encuestas, *focus groups*, entrevistas a profundidad, etc. Revísala, asegúrate que son de fuentes confiables, pero —pero en mayúsculas— haz tu propia investigación. Aparta recursos para investigar. Asegúrate de tener una buena herramienta de escucha social y de monitoreo de menciones, así como una herramienta para evaluar el desempeño de las redes sociales que manejas y hacer *benchmarking* con sus adversarios.

Llegando al ecuador de este capítulo es oportuno recordar: primero, el dinero importa; segundo, el recurso debe presupuestarse inteligentemente; tercero, el equipo es vital; cuarto, educar te ayuda; y quinto, investiga. Una vez cumplidas estas cinco etapas iniciales, manos a la obra. Ya tienes la estrategia definida y es hora de ejecutar las acciones tácticas que has programado. Sé eficiente con el uso de los recursos, pero no caigas en la avaricia de bajar la calidad de lo planeado por mejorar su rédito en cualquier proyecto. Lo que presupuestaste es lo que creíste que funcionaría en la planeación, no lo cambies fácilmente sólo porque hay una opción más barata. Piénsalo bien. Por supuesto, habrá algunas veces qué exista una alternativa más económica que la que planeaste, pero asegúrate que sea al menos igual de buena que la que habías presupuestado. Que el dinero no te tiende a bajar la calidad. Recuerda que estás en este negocio para que el cliente gane unas elecciones. Por eso te pagan y te asignaron un presupuesto que vos hiciste, así que no lo "mejores" por unos dólares más en tu bolsillo. El activo más valioso que tienes es tu reputación. No lo olvides. Sobre todo en este oficio, en el cual sobran los que te quieren ver fracasar en la acera del frente, donde están los adversarios, pero también en tu propia acera, donde está tu gente.

Una vez hechas estas reflexiones, que espero sirvan de consejo a los lectores, paso a contarles algunas anécdotas que me sucedieron, relacionadas con el dinero, sólo para demostrarles que todo lo que les dije párrafos arriba, en la consultoría política, no siempre es posible.

Tenía varios meses de estar trabajando en una campaña importante y con buen dinero; una campaña rica. Me habían contratado por una suma correcta. En mi caja fuerte atesoraba un contrato que me aseguraba unos honorarios que me permitirían un año muy tranquilo, económicamente hablando. Los pagos caían regularmente, tanto los de otros proveedores como los míos. Todo fluía bien y veníamos ganando puntos regularmente. Habíamos empezado en séptima posición y ya estábamos técnicamente empatados en la cuarta posición, lo que nos aseguraba ya un capital político respetable. Las posibilidades de una victoria eran reales.

Nuestro candidato se alineaba naturalmente con el humor social imperante, antisistema, que se ha vuelto moda en las campañas políticas, producto de unos políticos y partidos tradicionales incapaces de satisfacer las necesidades de sus electores. Era un candidato con experiencia, pero, sobre todo, con una capacidad natural de conectar emocionalmente con el elector. Veníamos ganando simpatías regularmente, había euforia en el comando de campaña. Aunque lo mío es digital, cada vez que se presenta una oportunidad, me gusta ir al terreno con el candidato y sus dirigentes para sentir en carne propia lo que las herramientas de escucha social me dicen.

Una noche, me fui a una ciudad costera y pude comprobar que, en efecto, el optimismo tenía sustento. Sentadas unas veinte personas frente a un fresco y delicioso filete de corvina al ajillo, conversé con dirigentes locales, quienes me aseguraban que eran muchos los que estaban dejando a los partidos tradicionales y se estaban sumando a mi candidato. Todos, por supuesto, pedían recursos; que carro para movilizarte, que plata para hacer vallas, que presupuesto para organizar eventos, que ayuda para el alquiler de la casa club, etc., etc. El encargado de las finanzas del partido a todos les decía que sí y tomaba nota de los requerimientos para, una vez de regreso, hacérselos llegar.

El grupo de prensa que nos acompañaba era numeroso. El candidato venía en ascenso y, a tres meses de las elecciones, se perfilaba como uno de los posibles para entrar a una segunda ronda electoral, por lo que los medios estaban tras del candidato. Aunque aún había trabajo que hacer, todos, incluido quien les escribe, estábamos positivos; veíamos posibilidades de victoria.

En otra ocasión los acompañe a un lugar remoto, bien largo de la capital, donde el candidato tendría un mitin como los de antes, con discursos, música y mucha comida. Cuando íbamos llegando al sitio, vimos estacionados los buses que habían traído a la gente de las localidades vecinas. Veíamos a la gente bajar con sus banderas del partido y las *t-shirts* estampadas con el eslogan de la campaña. Se oía en el fondo la música. Cuando llegamos, súbitamente se paró la música. El animador empezó a decir: "Fuerte aplauso al candidato. Gracias por sacar un rato para venir a esta tierra olvidada por los *políticos de siempre*".

La gente aplaudía al tiempo que se ponía de pie. Agitaban las banderas y repetían el eslogan una y otra vez. El humor social contra el *establishment* se respiraba claramente. La necesidad de encontrar un culpable a quien señalar era evidente en cada una de las personas que estaban ahí sentadas o paradas, todos, poniendo su esperanza, una vez más, en un hombre que les promete mejorar sus vidas.

El candidato estrecho manos, besó bebes, saludó a cuanta mujer y anciano se le acercaba mientras iba abriéndose paso a la tarima principal. Los dirigentes locales inmediatamente se apoderaron de su entorno al tiempo que desplazaban a los dirigentes que venían desde la capital con el candidato. Tenían que darse su lugar. Ellos también podrían ser elegidos en otros puestos que se disputaban. Yo me hice a un lado. Participo de estas actividades más cómo un observador que cómo un militante, pues de hecho, no lo somos. Como consultores, aunque a veces coincidamos ideológicamente con el cliente, no debemos olvidar que nuestra camisa no es la de partidario, es la de consultor. Mientras estemos bajo contrato nunca nos la debemos de quitar.

Busqué un lugar alto y atrás, de manera que podría tener una perspectiva amplia del gran salón que habían dispuesto para el evento. Hacía calor. Mucho calor. La humedad, como en todo país tropical, era incómoda, abrumadora. Empezaron los discursos. Los candidatos locales a otros puestos en disputa en esta elección fueron los primeros en hablar. Quise confirmar si los discursos estaban dentro del encuadre *(framing)* que había establecido el estratega general, al que todos, absolutamente todos, y con disciplina militar, debemos acoplarnos si queremos que el mensaje rector se posicione correctamente. Los locales lo habían entendido bien, muy bien.

Tocó el turno del candidato. Empezó con las palabras que a uno más le preocupan cuando habla un candidato, dijo:

—Traía unas palabras para ustedes, pero al verlos aquí, siendo tantos y tan motivados, me han contagiado gratamente y quiero hablarles de otro tema…

…y se lanzó en un discurso de más de una hora donde el encuadre, el mensaje rector, y los mensajes secundarios, brillaron por su ausencia. El estratega digital, que también andaba por ahí, sólo movía su cabeza en desaprobación. Mis videógrafos grabaron un contenido que no nos serviría, puesto que no correspondía a la estrategia de contenidos que habíamos planteado. Una oportunidad pérdida. Dinero desperdiciado. Dinero botado. La prensa que acompañó al candidato al día siguiente, reportó el evento difundiendo un mensaje que no era el rector, el estratégico. Otra oportunidad de brillar pérdida. Para las redes hicimos unas tomas abiertas para mostrar la multitud y reforzamos el mensaje rector anulando el audio del candidato, poniendo los "vivas" y los gritos del eslogan que habíamos recogido cuando llegamos.

En el "cuarto de guerra" al día siguiente, el estratega general llamó la atención sobre la "libertad" que se permitió el candidato. Por mi parte, lo secundé. Obviamente los demás eran *yes men,* que se atrevieron a restarle importancia para justificar a su candidato. Esa comunidad se perdió 8 a 1. Fue donde se obtuvo el peor resultado en todo el país.

Aunque el candidato es el alma de la fiesta, no dejen que haga barbaridades como estas, porque a fin de cuentas, nunca es culpa de ellos, sino de nosotros, los consultores que planteamos una mala estrategia, según ellos. Difícilmente asumirán su responsabilidad y se excusaran en que ellos "tienen olfato político" y por eso hacen esos cambios.

El día siguiente era día de paga y todos recibimos nuestros cheques. Estábamos contentos por ello. Había recursos y podíamos seguir aspirando a subir unos puntos a pesar de las "libertades" que se daba el candidato. En la reunión con mi equipo, planeamos la semana que tendríamos por delante. Le di instrucciones al "Sombra", quien había logrado una simpatía con el candidato, de que en cada oportunidad que tuviese, le reforzara la importancia de mantenerse dentro de la estrategia general, repetir el mensaje rector y limitarse a los mensajes ya definidos. Asintió, pero lo noté poco convencido que lograría el cometido, dada la naturaleza indomable del candidato.

Dormía en casa cuando el teléfono sonó a las 4:15 de la madrugada. Era el estratega general, que me convocaba a una reunión de emergencia a las 5 a. m. en el comando de campaña. Como pude me levanté y me fui. Llamé a los dos encargados del Lado B, el líder de defensa y el líder de ataque, para advertirles que debían activar todo porque se nos venía una crisis.

Un familiar muy cercano del candidato, quien también era una figura pública muy reconocida, iba a ser arrestado en la mañana, según nos habían indicado, por un presunto caso de corrupción. Esto nos iba a pringar y fuerte. El estratega digital junto a una colega experta en crisis, convinieron en un plan y se lo presentaron al candidato, quien se había sumado a la reunión. El candidato avaló el plan, pero advirtió que el jamás negará el amor a su familiar y que dirá que está profundamente conmovido por la situación que enfrentan él, su esposa e hijos, sus madres y toda la familia. Que, aunque le costara el triunfo nunca negaría la hermosa relación que tenía con el acusado. El estratega general y yo nos fuimos a desayunar juntos y, en honor a la verdad, ambos estábamos conmovidos por la actitud del candidato, priorizando a su familia sobre su candidatura.

El estratega general, que tiene una experiencia enorme, me advirtió que se nos iba a complicar mucho la campaña, que teníamos poco tiempo para recuperar, pero que nuestra obligación era seguir dando nuestro mayor esfuerzo hasta el último día. Y así lo hicimos; sin embargo, una semana después, no había dinero, sí, el bendito dinero no aparecía. Tampoco apareció el "mejor amigo del candidato". Por la forma perversa en que se maneja en algunos países el financiamiento de las posibles deudas políticas, los financistas —sean estos bancos, empresas o privados—, que adelantan recursos en función de un posible resultado con un descuento muy respetable, a pesar de tener contratos establecidos con el partido, dejaron de girar, convencidos de que el arresto del pariente le iba a pasar factura a esta campaña y se desvanecía la posibilidad de recuperar, vía deuda política, lo financiado.

Sin dinero no hubo spot de televisión que producir, vallas que contratar, cuñas de radio que grabar, anuncios en periódico que diseñar. La agencia de publicidad se retiró advirtiendo, eso sí, que cobraría hasta el último centavo que le debían. El mejor amigo del candidato retiró a su gente aduciendo que estaba en una mala situación y aunque quisiera ayudar, no podía comprometer su patrimonio en la campaña. "Jetonada", así le decimos en Costa Rica a una excusa que no se sustenta en la verdad.

Quedamos el estratega general y yo. Decidimos juntos morir con el candidato si fuese necesario. Recorté un poco el equipo para minimizar los daños, pero seguimos produciendo contenido. Implementamos una serie de acciones disruptivas que nos permitieran llamar la atención de la prensa para mantener vivo al candidato mediáticamente. Realmente nuestros creativos se lucieron generando ideas que rápidamente se viralizaban en las redes sociales, permitiéndonos continuar entregando nuestra propuesta de valor.

En esa estrechez económica aprendimos mucho y, sinceramente, disfrutamos la capacidad que mostramos todos, incluido el candidato, de crear ideas para mantenernos vivos. El contrato que guardé en la caja fuerte, ahí sigue. Nunca lo pude cobrar. El dinero que había cuando empezamos, finalmente no llegó. Dos semanas después del arresto habíamos caído 15 puntos. No logramos recuperarnos en las tres semanas que nos quedaban. Las crisis como esta que les conté, nos pueden hundir, pero también pueden sacar lo mejor de uno. En esta anécdota que aquí les conté, ocurrieron ambas cosas.

MI NUEVO YO EN NUEVO LEÓN

Por: Jerry Jauregui

Admiro el trabajo de mis colegas consultores. Soy fiel creyente de que todas y todos hacen su trabajo basados en estrategias, objetivos y metas por cumplir, pero hubo particularmente una campaña que arrancó toda mi atención, y no sólo la mía , sino la de muchas personas alrededor de México y América Latina: la del año 2021 en Nuevo León. Pero antes de entrar de lleno a eso, prefiero platicarles un poco de cómo llegué a creer que los sueños, las metas y los objetivos se cumplen cuando sabes que lo "imposible" deja de llamarse así; cuando crees que es "posible".

Pa fuera las ratotas

Era el 2021 y un colega, amigo consultor político de Tamaulipas, me llamó una noche mientras estaba en casa y me dijo, "master, me contactó un cliente potencial que necesita a alguien que le maneje su campaña electoral y le dije que nosotros podemos hacerlo, que tenemos equipo, experiencia y creatividad, que es lo que se ocupa". Eso me dijo el que entonces iba a convertirse en uno de mis mejores socios en la consultoría política, y por supuesto que lo escuché y le dije, como me enseñó mi mamá "Usted diga que sí a todo, mijo". "Sí, claro, vamos a entrarle al proyecto, sólo *barajéamela* **más despacio**", intentando darle a entender que evidentemente tendríamos que hablar del tamaño del proyecto, los candidatos, el partido, el equipo que íbamos a requerir y los tiempos. El precio era entonces un tema que no aparecía en mi ecuación, pues siempre he realizado campañas porque me gusta hacer lo que hago y porque amo dejarle a la gente un buen recuerdo de una buena campaña, un buen *jingle*, o una buena pieza gráfica, aunque claro, el tema de lo económico nunca estorba, sobre todo para las deudas y proyectos que tienes como ser humano.

En ese momento yo tenía algunas propuestas de trabajo, porque el 2021 era un año electoral, momento donde los partidos, los candidatos, los que quieren ser candidatos y los que quieren trabajar con todos los anteriores, se empiezan a mover; dirían en mi pueblo "se empieza a mover el avispero". Todas las propuestas y ofertas para proyectos políticos eran como cuando entras a una tienda de ropa y ves camisas, pantalones, sudaderas y hasta calzones, es decir, había variedad, pero como todo, de todos los precios, tamaños, gustos y colores. De hecho, en esa elección recuerdo que trabajé en varias campañas de varios estados desempeñando diferentes roles.

Ley de la atracción. Si lo quieres, lo tienes.

Algunos pensarán… ¿qué carajos hace Jerry hablando de la ley de la atracción, cuando se supone que estamos leyendo sobre campañas políticas? Pues la vida y este proceso que ahora les comparto en este capítulo, me hicieron darme cuenta de que todo aquello que atraes, finalmente sucede y ahora les platico el porqué.

En una de las salidas del fin de semana que tenía en la ciudad de Monterrey, Nuevo León, me encontraba mostrando un *spot* de una campaña en YouTube, justo para enseñar lo bien realizado que estaba aquel material, mientras en mi mente decía: "yo hubiera querido haber trabajado con ese candidato". La persona a la que se lo mostraba sólo lo veía y decía, "qué buen spot". Mi día siguió y aparentemente todo era normal, o al menos eso creí hasta ese momento.

Días después se realizó la llamada que me hizo mi socio esa noche para invitarme a un proyecto político como consultor, y era nada más y nada menos que para trabajar con ese candidato, cuyo video curiosamente había mostrado días antes, pero no sólo eso, sino que quizá mi corazón estaba ya manifestando trabajar en un proyecto con tal candidato.

La campaña

Esta fue una de las campañas que más he disfrutado. No puedo decir que mi favorita, porque digo eso en cada campaña en la que dirijo, trabajo, colaboro o participo. En este libro hay muchos consultores escribiendo y todas ellas y ellos estarán de acuerdo conmigo en que cada campaña se disfruta diferente, ninguna es igual, en cada una aprendes de ti, aprendes de todos, aprendes de tu candidato y aprendes de tu opositor. En cada una de esas campañas te llevas recuerdos nuevos, que te servirán como base para la próxima campaña en la que participes. Utilizando nuevamente un ejemplo, yo diría que cada campaña es como un ladrillo de una casa que nunca terminas de construir, es decir, cada uno de esos ladrillos te sirve para seguir creciendo, pero nunca estará completo tu aprendizaje.

La campaña de ese partido y de ese candidato fue maravillosa en todas sus letras. Evidentemente fue agotadora, porque trabajamos con un gran equipo de personas que día y noche estaba creando contenidos, materiales visuales, audiovisuales, canciones, letras, *copys* y hasta estrategias de activaciones para poder "viralizar" a nuestro candidato y sus actividades. En aquel momento éramos oposición y como bien sabes, ser oposición es como jugar de visitante en un partido de soccer, o como jugar ajedrez con un niño de apenas dos años, es decir, tienes las de ganar en el terreno creativo, porque como oposición, puedes gritar, patalear, crear, dibujar, reprochar en el terreno de la libertad, porque no hay quien te diga que estás siendo, como diría Memo Rentería, "políticamente incorrecto". Así que la próxima vez que tengan una campaña política de oposición, siéntanse con el cincuenta por ciento ya hecho, porque habrá muchos terrenos creativos que explorar, a diferencia de cuando tienes un candidato o candidata simpatizante a quien está en gobierno; ahí sí, el *chip* cambia por completo, pues la brújula tendrá que ir en sentido de aplaudir o reconocer lo que hizo el gobernante en turno o lo que hizo tu candidata o candidato, en caso de buscar la reelección.

El mejor candidato

Recuerdo conocer a mi candidato, un hombre alto, bragado, amistoso, un tipo que imponía, pero esa imposición alegre, que te daban ganas de quedarte platicando con él por horas; así era el candidato de apellido "Cárdenas". Nos recibió en su casa, platicamos mucho, hicimos el clásico *"brief"* y "arquetipo" de aquel hombre tamaulipeco. No había mucho que estudiar, porque él era él; tenía yo enfrente a un candidato ideal; personalidad, le sobraba; características físicas, las tenía; facilidad de palabra; cada frase que decía parecía titular de columna política; experiencia, tenía él más experiencia que nosotros en la consultoría, entonces comprenderán ustedes que estábamos frente a un gran candidato. Aquel hombre alto y con escoba en mano, era ese candidato para quien cualquier consultor político quisiera trabajar. ¿Por qué?, pues porque te daba lo más preciado y anhelado por un estratega político: *libertad.* Esa libertad para poder proponer, plantear y hacer cualquier cosa, y así lo hicimos, propusimos, hicimos, cantamos, bailamos, caminamos, creamos y logramos hacer historia.

El candidato nos enseñó que había una nueva forma de hacer política, que podías crear y divertirte a la vez, que podíamos explorar nuevas formas de comunicar por plataformas digitales y superar nuestra propia imaginación. Esa campaña para mí fue una gran escuela, de esas donde aprendes y el aprendizaje te dura para toda la vida.

El trabajo fue arduo, sí, claro; me dormía escuchando su nombre y me despertaba con llamadas de mi socio a las siete de la mañana diciendo que el candidato lo había despertado desde las cinco de la mañana pidiendo alguna activación o algún elemento para fortalecer el lado viral de la campaña.

El máster

No diré su nombre, porque mi socio es tan fregón que, seguramente, seguirá trabajando con más campañas electorales, y por respeto a él y a su trayectoria sólo diré que fue una gran experiencia haber trabajado con él en este proceso. Él era la mente de lo que se hacía en las calles con los candidatos, de lo que llamaba la atención; yo podía ser el creativo y el que dirigía el equipo, pero él sin duda era el artífice que marcaba la temperatura de lo que hacíamos con aquel candidato y de otros más que pertenecían a su partido. Dentro de la fórmula de esa elección 2021, mi socio era como aquel que etiqueta los productos para que se vendan, es decir, marcaba la brújula de dónde teníamos que pegar para subir en las encuestas y justo así fue: logramos subir en las encuestas, logramos llamar la atención, logramos ser —en aquella elección— la única campaña innovadora y de resultados.

Nos rodeamos de un gran equipo, teníamos gente trabajando en varias partes de México; personas que diseñaban, producían y creaban a lo largo de la república mexicana. Era un equipo robusto y talentoso. Hicimos artes que hasta hoy, sigo exponiendo en clases y conferencias de consultoría política digital e hicimos canciones que sigo escuchando de camino a mi oficina. El resultado electoral pudo haber sido el que fue, pero la campaña la ganamos nosotros, la ganamos como equipo, la ganamos con el mejor candidato y la ganamos porque hasta hoy es motivo de estas líneas.

La campaña estrella

Mientras dejábamos el sudor y la energía en aquella campaña electoral en Tamaulipas, a tan sólo unos kilómetros de ahí, en Nuevo León, estaba gestándose lo que hasta hoy es un referente de las campañas políticas en México: la de la gubernatura de ese estado y la de alcaldía de su ciudad capital, Monterey. Ustedes ya conocen los nombres de estos dos personajes que estaban dándolo todo en la cancha. Afortunadamente la vida me llevó a trabajar con los artífices de estas dos campañas que, en ese momento, yo sólo veía en panorámicos, *billboards* y redes sociales, y sólo las veía ahí porque mi tiempo estaba concentrado precisamente en otra campaña electoral pero en su estado vecino.

Yo le llamo "La Campaña Estrella" porque fue una estrella para mí. ¿Apoco no les pasa que de pronto al ver hacia el cielo, se quedan observando una estrella y se concentran sólo en su brillo intermitente? Así fue justamente como pude observar aquella campaña 2021 en Nuevo León; sólo era una estrella brillante, sí, que brillaba mucho, pero que estaba lejos de lo que yo estaba realizando. Recuerdo incluso haber dado cursos y clases de comunicación política en ese momento, y lo que voy a decir no es broma, pero había un tema recurrente en esas conferencias de marketing político, y no, no era Barack Obama (que siempre sale al tema) ni Donald Trump, que en ese momento había dejado de ser presidente de los Estados Unidos; no, el tema recurrente en estas pláticas era el de la elección en Nuevo León y nuevamente seguía brillando aquella estrella que les platiqué al inicio.

El nuevo joven

Las elecciones terminaron y los resultados se dieron; Nuevo León tendría a un gobernador diferente, a uno joven, innovador y echado para adelante. Uno cuya campaña habría sido motivo de conferencias, clases y cátedras sobre cómo ejecutar la correcta comunicación política, esa que atrapa, esa que enamora y esa que se vuelve referente de lo nuevo, y así fue.

En el gabinete de aquel nuevo gobernador, que tomó posesión en octubre del año 2021, incluyó a un joven experimentado en temas de las juventudes, liderazgos y proyectos generacionales. Yo había trabajado con él en 2019 como su coordinador nacional de comunicación en un organismo juvenil político cuya dirección nacional estaba a su cargo. No era cualquier organismo, era uno avalado por la ONU, uno importante, uno con activismo, uno con visión, con forma y fondo, es decir, uno en serio y no uno de los que sólo se forman con fines políticos; este sí se ejercía en beneficio de las juventudes.

Era septiembre del 2021 y yo era uno de los principales ponentes y conferencistas de la Cumbre Mundial de Comunicación Política, celebrada en el Pabellón M de la ciudad de Monterrey, Nuevo León. Ahí participamos mi socio y yo, cada uno con su tema. Aquella fue una las mejores cumbres de comunicación política; estaba a reventar, había gente por todos lados y de diferentes partes del mundo, pero además, aquello era un desfile de consultores políticos, cada uno con su tema y con su brillante experiencia. Conocí a varios que después se volvieron mis amigos y por supuesto, el tema más sonado era lo que había sucedido justo ahí en Nuevo León, con aquellas "Campañas Estrellas" que les mencioné.

Me tocó exponer. No me había preparado mucho, como suelo hacerlo y la razón era muy sencilla: lo que iba yo a exponer en aquella sala del Pabellón M, lo tenía memorizado desde días atrás, es decir, lo venía repitiendo en cada conversación, en cada comida y cena con amigos o pareja, no por estar ensayado mi presentación en aquel famoso lugar de Nuevo León, sino porque el tema que presenté aquel 22 de septiembre, era lo que nacía de mi corazón y lo que descubrí de aquella elección; el "fenómeno político de Nuevo León".

En aquella sala donde expuse mi conferencia, en primera fila estaba sentado el que sería parte del nuevo gabinete de Nuevo León, con quien había trabajado antes y a quien incluso invité yo mismo a presenciar mi plática sobre aquella elección famosa del 2021. Pasaron los días y pude hacer nuevamente contacto con ese joven. Él fue la primera persona que me abrió la puerta en el tema político de Nuevo León, me invitó a ser su coordinador de comunicación social, un cargo de responsabilidad cívica pero que además me hacía formar parte de aquella estrella que brillaba aún, de un gran proyecto político nacional.

Aprendí mucho ahí, no sólo me "rodié" de jóvenes de todas edades, de energía, de ímpetu, de sonrisas, sino que además pude aprender de aquel líder juvenil que para mi sorpresa, se convirtió en maestro; resulta que era yo el consultor político, pero terminé aprendido más de él que él de mí, supongo, porque aquel joven eran detallista en cada foto, en cada arte, en cada palabra; era quirúrgicamente perfeccionista en cada material de comunicación. Le gustaba ver cada detalle. Cada material que producía con mi equipo de comunicación en aquel Instituto de Gobierno Estatal pasaba por su filtro y eso me permitió darme cuenta de que el maestro (yo) se volvió aprendiz, y que estaba insertándome en nuevas formas de comunicar de otra generación que probablemente no hubiera aprendido si no hubiera trabajado con él.

Recuerdo mucho una actividad donde acompañé al funcionario estatal, como su coordinador de comunicación, a la Secretaría de Gobernación de la Ciudad de México, y recuerdo haberle enviado unas fotografías que le habíamos tomado del evento. Él estaba sentado y yo, como siempre, no lo perdía de vista. Mientras el fotógrafo que viajaba con nosotros hacía su trabajo, él, mi jefe, revisaba el material que yo le había enviado. Recuerdo haberlo visto haciendo zoom a las imágenes, incluso ladeando un poco su cabeza para ver si la perspectiva de las imágenes que veía en su teléfono era la correcta. Ahí me di cuenta de que él era quizá más comunicador que yo, es decir, le gustaba que la comunicación fuera perfecta y entonces seguí su ritmo y logramos grandes cosas. Jamás olvidaré esa experiencia, pues él representó para mí un importante escalón en mi carrera.

Tuve la fortuna de crear una campaña de comunicación basada en la inspiración de aquella comunicación perfecta, se llamaba el "Nuevo Joven", escribimos canción y música disponible por cierto en todas las plataformas de música digital, era una consulta juvenil por todos los municipios de Nuevo León, una idea de él, donde pudimos comunicar lo no comunicaba ninguna otra secretaría o dependencia de gobierno, no sólo en Nuevo León, sino en todo México, pudimos lograr una calidad en todos los materiales de comunicación, el "Nuevo Joven" era una estrategia de comunicación que yo dirigía y supervisaba, pero era en esencia, la esencia de aquel líder juvenil que buscaba innovar y salirse de la caja.

La navidad del león

Ya había tenido acercamientos, naturales, con el equipo central que manejaba la comunicación de aquel aparato de Gobierno Estatal; mi trabajo como enlace de comunicación de aquel instituto estatal me llevo a dialogar de manera constante con todo aquel equipo. Al principio, e incluso antes de ingresar al instituto mencionado, ya existían acercamientos, pero era tocar puertas y esperar si alguien escuchaba del otro lado. Así me lo recomendó un buen amigo de nombre Armando Guerra, quien a mi llegada a Nuevo León, fue quien siempre confió en mí, me invitaba a comer y me recomendaba con varias personas que podían aprovechar mis capacidades en la comunicación y el marketing. Armando es un buen hombre que en mi caso, siempre me tendió la mano; de hecho, varias personas de las que él me contactó, son mis socios actuales en algunos proyectos de marketing político digital.

La lucha por la mantener una comunicación "impecable" para la juventud del estado seguía así; "impecable", y esa fue una de las mejores cartas de presentación para que empezaran los ojos a ponerse en la comunicación de esa entidad. Así fue como en una reunión de trabajo el ofrecimiento se hizo: ingresar a la comunicación central de Nuevo León y aportar creativamente para la conceptualización, creación y despliegue de algunas campañas de comunicación del estado. Por supuesto que fui muy honesto y dije que desde el inicio, cuando dirigía aquella campaña del mismo partido en Tamaulipas, para mí el trabajo que se había hecho en Nuevo León en la campaña por la gubernatura era por demás ejemplar y digno de cualquier exposición de comunicación política, y que incluso ya había tocado algunas puertas antes, así que finalmente la persona que me invitó a colaborar ahí, me dijo que pronto tendría noticias.

Era la noche del 24 de diciembre. Como de costumbre, estaba reunido en casa con todo lo que amo: familia, pareja, música, espagueti verde, puré de papa y algo de botana. Todo ese ambiente era por demás navideño: el clima un poco frío, todos sonriendo y hablando de anécdotas que ocurrieron en ese año 2021 —que estaba por terminar—, cuando de pronto recibí un mensaje de texto. Era él, la persona que se interesó en mi trabajo y cuyo nombre empieza con S, quien me confirmaba con ese mensaje de texto, que ya había hecho la propuesta de que yo colaborara ahí y que el jefe ya lo había autorizado. Entonces me dijo: "empiezas en enero, bienvenido al equipo, siéntete parte del equipo…" Debo ser honesto, ese mensaje no sólo alegró mi noche de navidad, sino que además era un mensaje que ya había esperado desde aquel momento en el que pasaba en coche y veía el panorámico de esa campaña. Es decir, era el mensaje de esa estrella brillante que, hasta el momento, no deja de brillar; un mensaje que mi corazón esperaba y que finalmente se concretó.

Cabeza de león

Todavía recuerdo cuando tenía ocho años de edad y me la pasaba pintando o dibujando campañas políticas en mis cuadernos. Pasaron los tiempos y entonces me encontraba frente a una computadora utilizando aquel software de nombre Paint, también creando piezas gráficas que según yo era de una campaña política. Recuerdo como si fuera ayer, la primera vez que conocí a un presidente municipal o la primera ocasión que saludé a un presidente de la república, hasta estar dirigiendo a uno de ellos para grabar un spot o mencionar un discurso. Todo aquello ha sido una buena película, un buen guión que sigo escribiendo, incluso con este anecdotario.

Comencé mi carrera en el marketing político en 2013 con Carlos Canturosas, un hombre político que es más hombre que político, más humano que político, que se ganó el corazón de miles de personas dentro y fuera. Recuerdo todas las campañas de comunicación que hicimos con él, con el equipo, y los errores y aprendizajes que todos tuvimos, pero siempre recordaré que él estuvo ahí, que siempre me preguntaba cómo estaba yo, mi familia, mi gente, que siempre vio a su equipo como personas con corazón y sentimientos, pero además potencializó las capacidades de todos los que lo rodeaban para terminar dando lo mejor de sí. En aquel momento llegué a platicar con algunos conocidos mis ganas de hacer cosas grandes, de trabajar en campañas de comunicación fuera de allá, de querer trascender, dar conferencias, escribir libros, llevar la creatividad en la comunicación y el marketing digital a otros países, y hubo por lo menos un par de personas —que aprecio mucho y estoy seguro que ellos también a mí— que me dijeron: "Nombre mi Jerry, ¿qué prefieres ser... cabeza de ratón o cola de león?"... Esa frase se me quedó grabada en el alma porque, sé que no lo dijeron con mala intención, tal vez trataban de decirme, "quédate aquí hombre, aquí eres El Jerry, aquí ya tienes carrera, todo mundo te busca", pero a la misma vez, me "anclaban" a una sola página de un libro que yo quería seguir leyendo.

Cuando escuchaba aquella frase de la "cabeza de ratón o cola de león", siempre me preguntaba por qué tiene que haber sólo dos opciones, por qué tengo que quedarme a hacer campañas solamente en una ciudad o un estado, por qué tengo que ser la "cola" del león o la "cabeza" del ratón, ¿acaso no existe la opción de ser la "cabeza del león"?, por qué nadie la menciona, por qué nadie la dice, por qué todos se conforman con dos opciones. Y sí, yo no quería ser el ratón, yo quería ser el león, pero no la "cola", sino la "cabeza": el corazón de león que transmite sentimientos; la fuerza del león que no se raja con ideas, propuestas, ocurrencias; y la fortaleza del león, para empezar de cero en otras latitudes.

Finalmente, la vida me llevo a pertenecer a un gran equipo cuyo logotipo era la cabeza de un león. ¿Coincidencia o destino? Yo no sé tú, pero si de algo te sirvió leer este capítulo, deseo que lo más importante que puedas obtener no sea mi experiencia, sino la idea de que los sueños se pueden hacer realidad, de que no existen imposibles y de que no necesitas ser cabeza de ratón o cola de león, sino que también puedes ser la cabeza del león, aquí, allá, en cualquier parte del mundo. Hoy dirijo campañas de comunicación en Guatemala, Argentina y México y ayudo a muchas personas con mis consejos, porque de eso se trata la vida, de contagiar magia, inspiración y hacer los sueños realidad. La próxima vez que alguien te diga que sólo puedes ser cabeza de ratón o cola de león, demuéstrales que también, puedes ser la "cabeza del león".

LA ÉTICA Y EL CAMINO HACIA LA CONSULTORÍA POLÍTICA DIGITAL

Por: Yhansui Ospina Gaviria

En política, como en la vida, no todo vale.

Consultora por accidente

Ser consultora es algo que me llegó con el tiempo, sin pensarlo ni quererlo en su momento. No sé si a todos nos pasa igual, pero durante mucho tiempo dudé en atreverme, principalmente en un mundo y gremio dominado por hombres, porque nos han dicho durante muchos años que el poder es masculino. Quizás por eso hoy, muchas mujeres no se sienten capaces de gobernar, de liderar grandes procesos. Pero esto no sólo pasa en los espacios electorales, nos pasa a muchas que estamos "detrás del poder" y que también hemos dudado y nos hemos sentido ingenuas, porque nos dicen que somos "muy emocionales" o "nos falta cuero", para asumir cargos políticos o detrás de la política.

La consultoría implica seguridad, claro, pero también la flexibilidad y el olfato para saber cuándo dudar de lo que se cree seguro y someterlo a prueba. Este no puede ser jamás un ejercicio necio, terco, ciego y testarudo; es clave no perder esa sensación de riesgo y siempre estar preparado si algo sale mal. Esa es la verdadera proeza: arriesgar, conservando un espacio al fracaso y estar preparado para él. Es estar siempre un paso adelante, además, porque de las derrotas se deben sacar los más grandes aprendizajes.

En ese proceso para convertirme en consultora política digital, fui muchas cosas. Fui community manager, fui guionista, fui diseñadora, fui organizadora de eventos. Mejor dicho, fui "todera", como decimos en Colombia, y aprendí muchísimo de cada uno de esos roles y a ellos les debo la curiosidad y el gusto por la comunicación política digital.

Llegué por accidente a la política. Aunque en la universidad una de mis materias favoritas fue comunicación política, me veía en otros escenarios. Me visualizaba en una empresa, coordinando comunicaciones, con un trabajo estable y tranquilo. Retador, pero tranquilo. Muy pronto la vida me puso en otro escenario. El que sería el escenario en el que me quedaría.

A diferencia de muchos consultores, yo me vinculé con un movimiento durante muchos años y tardé en entender que mi trabajo implicaba construir un camino más técnico, que implicaría renunciar a esta militancia. Pero no me arrepiento jamás, ya que tengo claro que el rol que ejercemos va más allá de prestar un buen servicio y ayudar a un candidato o candidata a ganar o de posicionar y mantener la buena reputación de un gobernante. Nuestra misión es la de lograr que la ciudadanía nos de lo más importante que puede tener: su confianza. Nosotros tenemos una labor social que tiene que estar por encima de cualquier trabajo.

La ética y la consultoría política

Hoy, por eso, quiero hablar de la ética en la política y cómo en mi experiencia ha hecho que asesore candidatos muy diferentes a los que quizás muchos han tenido. Esto no significa que los políticos tradicionales carezcan absolutamente de ética, también creo que ese es un moralismo absurdo que han repetido e instaurado equívocamente algunos de los *outsiders políticos*.

Mi primera experiencia en lo público fue en la gobernación de Antioquia. Tenía 22 años y entré, sin padrino político, a trabajar en la Gerencia de Antioquia Legal, gerencia que no existía antes y que había creado el gobernador de Antioquia de ese momento, Sergio Fajardo. Él había llegado a ocupar ese cargo con la votación más alta históricamente, y así llegó también cuatro años antes a la alcaldía de Medellín.

En dicha gerencia, yo era la encargada del componente de comunicación y capacitación de un proyecto llamado "Prevención y control de la ilegalidad en las rentas departamentales". Recorrí todas las nueve subregiones del departamento y muchos de los 125 municipios que tiene. Hablé con funcionarios públicos, comerciantes y fuerza pública sobre cómo prevenir la ilegalidad en las rentas, sobre por qué era importante no evadir impuestos, porque eso significaba menos educación, menos salud, menos dinero para vías, etc. Detrás de ese ejercicio que parecía técnico, había una gran labor: recuperar la confianza en la institucionalidad. Y se logró. El gobernador terminó su gobierno como el mejor gobernador del país y con una imagen favorable del 87%.

Más allá de la labor que desempeñaba coordinando el componente comunicativo y de formación de ese proyecto, la Gerencia de Antioquia Legal fue un antes y un después para mí. Vi de cerca cómo por primera vez, un gobierno ponía la ilegalidad como un tema relevante y hablaba de la cultura del "más pillo", cultura muy arraigada en Antioquia y que era normalizada, pero que era la base de muchos de los procesos de corrupción. Así se inicia y es un asunto cultural que necesitaba tiempo, pero él le apostó a eso. Y ahí vi de una manera diferente la política. Entendí que lo malo no era el ejercicio político y que la frase "no importa que roben, pero que hagan algo", era algo que nos habían repetido y se habían encargado de que creyéramos quienes robaban, pero que la realidad era otra.

Eso de la ética es para filósofos

Un reconocido asesor político de importantes figuras políticas de América Latina, ha repetido varias veces la siguiente frase: "Eso de la ética es para filósofos". Así ha hecho una carrera que para muchos ha sido brillante, porque ha logrado ganar numerosas elecciones, mientras explica que para él la ética es un abrigo, que se pone cuando sale de la oficina y se quita cuando entra a ella de nuevo al otro día. Es decir, en su vida es ético, correcto, decente, pero a la hora de trabajar, la ética no le sirve. Eso para qué, si así no se gana.

Ese era justamente el discurso que yo combatía y desmentía mientras recorría el departamento, recordando que contrario a lo que decía uno de los hermanos Nule[1], de que "la corrupción

---

[1] Miguel Nule, uno de los hermanos Nule, involucrados en uno de los escándalos de corrupción más grandes de Colombia: "el carrusel de la

es inherente al ser humano", todos tenemos siempre la oportunidad de elegir, aunque muchas veces exista una línea muy delgada entre la legalidad y la ilegalidad.

Tengo que reconocer que es posible que aún, a pesar de los años y la experiencia, tenga una visión idealista de la política, pero ¿cómo ser consultora en comunicación política si no creo que la política tiene un sentido noble?, ¿cómo me levanto todos los días a trabajar y ayudar a que un candidato enamore, convenza y conecte con la gente, si sé que está mintiendo? Muchas veces creo que muchos colegas deciden hacer caso omiso, porque el objetivo final es ganar y aunque no los juzgo, yo estoy convencida de que el objetivo principal va más allá de un proceso electoral. Sin duda, para mí, la ética no es para filósofos, sino para humanos, en cualquier ámbito. Y lo aplico en lo que hago.

Tusas políticas

Como les decía unas líneas arriba, ser consultora no fue algo que quise siempre. El destino se encargó de mostrarme el camino y empezó, justamente, en ese periodo donde pude trabajar en un gobierno, que me cambió la perspectiva de lo que en realidad creía de los políticos. Empecé a preguntarme ¿será que de verdad todos los políticos son iguales?, y durante tres años, comprendí que no. Ahí decidí que quería seguir siendo parte el ejercicio político, que quería ser parte de esos proyectos

---

contratación" de Bogotá, capital del país. Estos empresarios crearon un imperio desde muy jóvenes, que inició con la instalación de pequeñas redes de gas y terminó pavimentando grandes vías en Colombia y ganándose adjudicaciones estatales con firmas falsas y todo tipo de jugadas.

políticos que de verdad quisieran devolverle a la política su verdadero valor: el de ayudar a transformar y construir un mundo mejor.

Entonces, después de esos tres años, llegó la oportunidad de ser parte del equipo digital de uno de los sectores y movimientos políticos que defendía el SÍ en el plebiscito de la Paz en Colombia2. Mi trabajo era construir e implementar la estrategia de Twitter con mensajes positivos y a favor del "SÍ". Un reto que me emocionaba muchísimo. El "NO" ganó el 2 octubre, convirtiéndose en mi primera "tusa política". Cambio de look, muchos helados y dos días de llorar sin parar, fueron mis mecanismos de salvación frente a una incredulidad enorme de lo que estaba pasando en el país. Me enfrenté por primera vez a las narrativas del odio, a la desinformación, a las *fake news;* y ganaron.

No bastó con decir que se iban a acabar sesenta años de guerra, no bastó con decir que éramos el único país en el mundo que aún tenía una guerra interna, no bastó con decir que muchos campesinos y personas de las regiones más violentas del país merecían vivir en paz, dormir tranquilos y que necesitábamos pasar la página de la violencia. No bastó nada. Porque asesorados "muy bien", ganaron los del discurso del miedo y del odio. Quizás faltó más fuerza para defender y explicar el momento histórico al que nos enfrentábamos, lo que significaba. Todos, incluso el gobierno, decían una y mil veces "¿quién no va a querer la paz?". Se confiaron, nos confiamos y juzgamos que el país le siguiera diciendo SÍ a la guerra y no al perdón, la

____

2 El plebiscito en Colombia, se dio el 2 de octubre del 2016, para refrendar el Acuerdo de paz al que llegaron el Gobierno y las FARC, después de más de 60 años de conflicto armado interno. Ganó el NO.

reconciliación y la paz. Pero no tardamos mucho en descubrir que nadie quiere vivir en guerra, pero sus motivaciones son diferentes, sus miedos y dolores no son iguales y que nada es obvio cuando se trata de llegar a los ciudadanos. De nuevo, los políticos en los que no creía, volvían a ganar. Y lo habían hecho desde el universo digital, de manera constante, consistente y organizada. Nos dieron una lección.

Desde ese día, a pesar de esa tusa, del dolor, de la impotencia y de la ingenuidad, decidí que iba a seguir en el mundo político y que lo haría desde ese mundo que tanto enojo me había generado: el digital. Quería tener el mismo impacto, pero desde el otro lado de la cancha. Lo que no sabía es que esa sería la primera de varias tusas políticas y que siempre me iba a preguntar: ¿será que sólo hay una forma de ganar?

Si las elecciones fueran por Twitter

Llegó la mejor oportunidad laboral de mi vida. En el año 2018, Colombia se enfrentaba de nuevo a las elecciones presidenciales en un ambiente de polarización entre la derecha y la izquierda. Yo coordinaba, de manera voluntaria, la estrategia digital departamental de un movimiento político, y llegó la invitación a ser parte del equipo digital de la campaña presidencial del candidato de ese movimiento. Era agosto del 2017 y sin dudarlo, dije que sí. Era el candidato en el que creía y con el que había trabajado antes.

Salí de Medellín a Bogotá, dejé todo por la que sería la mejor oportunidad laboral de mi vida, hasta ahora. Me encontré con un equipo que se estaba formando, pero que entendía la importancia del mundo digital en elecciones. Me fui, no sólo con la alegría de estar en campaña presidencial, sino con la convicción de que estaba en la mejor campaña de todas, con el mejor candidato, con las mejores propuestas, con las mejores intenciones. ¿Era suficiente?

Todos los días me levantaba con muchas ideas, con muchas propuestas y con la intención de aportar lo que más pudiera, pues finalmente era de las pocas del equipo nacional que conocía al candidato desde años atrás y había estado con él cuando gobernó. Esto es un *plus* muy importante, en campañas donde faltando poco tiempo, el candidato se llena de asesores externos que no logran conocerlo y entender su esencia, y por eso ni el asesor ni el candidato quedan satisfechos. Sin embargo, muchas cosas no pasaban, nadie las escuchaba, no llegaban a donde tenían que llegar y después de mucho tiempo, supe que en este mundo no brillaba el que más hiciera, sino el que más hablara y el que fuera capaz de hacer escuchar su posición en el momento correcto, frente a la persona correcta.

Pero ahí estaba, en la mejor campaña, con el mejor candidato y con un equipo que tenía ganas de comerse el mundo. La mejor experiencia de esa campaña fue internarnos en un "hangar" o "búnker", en donde sólo funcionaba el área de comunicaciones. Literal, sólo entraban las personas más estratégicas de la campaña. Tener ese espacio es el mejor consejo que les doy ahora a todos mis candidatos y candidatas. Las comunicaciones no son democráticas, no pueden someterse a la opinión de todos y cada uno de los integrantes de una campaña. En ese "hangar", con el equipo más pilo, comprometido y preparado, construimos la estrategia que casi nos permite pasar a la segunda vuelta.

Sin duda, lo hicimos todo. Ese día, el de las elecciones, sólo nos quedó el triste y agridulce consuelo de que nuestro candidato fue tendencia mundial en Twitter. Pero contrario a lo que muchos políticos y políticas creen; en Twitter no se gana ni se gobierna.

Nuestro principal verdugo es el tiempo

Sí, casi. Un poco más de 300 mil votos nos hicieron falta para pasar a segunda vuelta con el candidato favorito en ese momento, el de la derecha. 300 mil votos en un país donde el presidente finalmente fue elegido por 10,373,080. Así es, perdimos la presidencia por nada. Y aunque sólo era primera vuelta, digo perdimos porque todos sabíamos que nuestro candidato era el único capaz de derrotar a ese candidato de derecha. Nuestra misión era pasar a la segunda vuelta. No alcanzó.

"Dos días más y ganamos", se repetían muchos. "Sí, lo que nos faltó fue tiempo", respondían los otros. Lección irrefutable y mandamiento de la consultoría: en una campaña siempre podrás obtener más dinero, más voluntarios, más respaldo, pero jamás más tiempo. Por eso, las campañas se planean desde el Día D hacia atrás. Cada semana, cada día, cada hora es fundamental y es irrecuperable. ¡Perdimos! Y nunca vamos a saber si un día o una semana más, nos hubieran dado la victoria. Así fue la segunda tusa política más dolorosa de mi vida. Las que vendrían, son para mí sólo experiencias.

Un día, quejándonos durante un almuerzo de una agencia que habíamos contratado para la campaña y que no aportó lo suficiente, una persona de mi equipo digital, me dijo: "Yhansui, ¿por qué no montas una agencia de consultoría digital para políticos?". Me reí mucho, jamás se me había ocurrido eso. "Móntala. Yo me iría a trabajar contigo", adhirieron los demás. Ese fue el inicio de lo que hoy es Brum Digital, una empresa en consultoría política digital y ejecutora de toda la estrategia, que buscaba principalmente cumplir con todo lo que no había cumplido la agencia de la que nos estábamos quejando. Me prometí pensarme la comunicación política y medir cada acción, velar para que el afán diario no nos hiciera perder el norte estratégico.

Buenos clientes o clientes éticos

Ese mismo año, después de recomponerme de la tusa, nació Brum. Busqué mis primeros clientes; candidatos honestos, serios, ojalá del partido de mi antiguo jefe, porque sólo esos eran honestos para mí. Rechazaba a cuanta persona me buscaba sólo con saber su partido, y en cambio, le abría las puertas de mi empresa a todo el que promulgara con esa manera de hacer política que yo conocía. La única buena. La única con ética.

Pronto me di cuenta de que había un moralismo alrededor de lo que se había construido como discurso político y que como estratega digital, había ayudado a posicionar. Todos sabemos que en comunicación política esto se trata de "yo soy mejor que el otro". Sin embargo, el ejercicio de construir ese relato de ser el mejor, debe estar ligado a una cercanía con la ciudadanía, a que se sientan identificados, no a que se sientan juzgados. Ahí fallamos, pues construimos, sin querer, una narrativa de "somos los únicos buenos". Eso alejó a muchos que buscaban una opción de unión.

Me vi entonces, llena de candidatos que creían que, por ser alternativos, de un partido nuevo, ser *outsiders* y jamás haber estado en la política, eran merecedores de ganar. Sólo por eso. Que no necesitaban estructura, equipo ni mucho menos recursos. "Los recursos son sólo para las campañas tradicionales. Nosotros no los necesitamos ni los queremos. Eso nos hace iguales", creían. Me embarqué en campañas con las que me sentía identificada, contrasté lo que creía con lo que realmente funcionaba y en el camino, también me encontré candidatos maravillosos de otros partidos y personas no tan éticas en los partidos o movimientos en los que confiaba antes ciegamente.

El golpe más duro fueron mis finanzas. Me vi trabajando en precampaña casi 19 horas diarias sin retribuciones justas, porque recordemos que las campañas de los candidatos éticos, son sin un centavo. Pero lo más revelador de ese ejercicio en elecciones locales, fue entender que debía desligarme del radicalismo de los buenos y los malos bajo el criterio en el que lo había construido.

Algunos candidatos que tenían la honestidad dentro de su discurso, cuatro años después, no me han pagado, otros han sido incoherentes. Candidatos que estaban en partidos cuestionables, demostraron hacer una campaña, limpia, honesta. Lograron desligarse de sus partidos. Hace apenas unos meses, construí la estrategia digital de un candidato que repetía constantemente que representaba lo diferente, que estaba alejado de los políticos de siempre y le creí, por supuesto. Pronto me encontré en reuniones con su asesor político, un hombre que creía firmemente que lo importante era ganar, no importaba cómo y que incluso reconocía abiertamente que infiltraba otras campañas para "hacerlos equivocar".

En ese momento alguien me dijo: "Pero no importa, tú haces lo tuyo; que ellos resuelvan lo político. Eso no interfiere en tu trabajo". Esas palabras fueron suficientes para tomar una decisión. El día de esa reunión lloré mucho, estaba decepcionada. Confié en un candidato que finalmente me dijo: "Así son las cosas, esa es la única manera de ganar. No podemos ser ingenuos". Renuncié a estar en ese equipo, a pesar de que era un cliente a largo plazo, y me sentí muy aliviada, porque esas son las decisiones que me hacen no perder mi propósito. Esa campaña seguirá, no sé si ganen el próximo 29 de octubre, pero me alivia no ser parte de ella.

Es importante aclarar que no lo hago desde la superioridad moral, sino desde la plena convicción de lo que quiero ser como profesional y sobre todo, de lo que soy como persona. A muchos les puede funcionar, hace parte de su marco ético, pero jamás estaría tranquila si por un cliente, dejo de ser coherente conmigo. Finalmente, lo que ayudo a construir son marcas políticas sólidas, coherentes; ¿cómo voy a traicionar mi propia marca?

Correr las líneas éticas en política

En las pasadas elecciones presidenciales en Colombia, el coordinador digital de la campaña de Gustavo Petro, actual presidente, dijo en una de las reuniones con su equipo, que en ese momento "tendrían que correr un poco la línea ética", con tal de dejar muy mal a Federico Gutiérrez, uno de los candidatos que veían más fuertes. "Si tenemos que ponerle cara de depravado y venderlo así, no importa" fue una de las frases que se le escuchó a Sebastián Guanumen en dicha reunión. No pasó nada, Petro ganó y hoy, Guanumen es cónsul de Chile, sin tener ningún tipo de mérito para ello. Ah, sí, el mérito de haber corrido las líneas éticas. Lo importante era ganar.

En ese momento, yo estaba trabajando en la campaña de un candidato presidencial y aunque intentamos subirle el volumen al tema, hacer que el país viera el tipo de campaña que hacía ese candidato, gran parte de lo que escuchamos, incluso de reconocidos periodistas, fue: "Pero así es la política, ¿de qué se sorprenden?, o "¿Cómo así?, ¿eso no lo hacen todos? Y entonces de nuevo me vi haciéndome la pregunta: ¿de verdad sólo hay una forma de ganar? Y me vi respondiéndomela de nuevo: claro que no. Es la manera más fácil, por supuesto, pero no la única. Todos sabemos que las campañas deben tener una estrategia de blindaje, de contraste, porque sí creo que ganar es ayudar a perder al otro un poco. Sin embargo, una cosa es visibilizar lo negativo de un candidato y el impacto que tendría en su gobierno, y otra muy diferente acceder a crear *fake news* y acabar con su reputación cuando sabemos que lo que se está diciendo es falso. La campaña sucia del actual presidente de mi país, la vivimos directamente durante 4 años, cuando en 2018, tras perder por muy poco como les conté, se dieron cuenta de que mi candidato había quedado muy fortalecido políticamente, aunque no hubiera ganado. Y la orden fue "quemarlo durante cuatro años", para que estuviera débil si se volvía a lanzar en el 2022.

Así fue y mi candidato —un gran hombre, pero un político al que le cuesta mucho escuchar y que, muy tarde reconoció el verdadero poder del universo digital, de estar vigente allí, y de ser oportuno y directo en sus comunicaciones—, llegó a una segunda campaña con una reputación golpeada. Tarde descubrió que ya habían dado la orden de correr las líneas éticas con él.

Algunos pueden llamarme ingenua, pero hoy tengo muy claro el tipo de consultora que quiero ser, y principalmente, los líderes que quiero ayudar a llegar al poder. ¿Qué nos hace pensar que hacen campaña sucia sólo para llegar y que cuando estén arriba harán un gobierno limpio? La mejor frase que le aprendí al candidato con el que inicié mi camino y a quien hoy quiero y admiro, es que de la manera en la que se llega al gobierno, se gobierna y yo hago parte de ese equipo que ayuda a llegar.

Creo firmemente que la responsabilidad de los consultores políticos en general y también de los digitales, va más allá de hacer que un mensaje tenga un gran alcance, o que la pauta se optimice de la mejor manera y llegue al público correcto, o de tener un discurso coherente, o de crear el contenido más innovador para posicionar un mensaje. Nuestra responsabilidad implica que con cada cosa que hacemos, ayudamos a que un candidato se gane la CONFIANZA de los ciudadanos. Claro que hay candidatos honestos y pésimos gobernantes que no hacen nada bueno por su pueblo, y aclaro también que no siempre estoy de acuerdo con lo que hacen los candidatos y candidatas a los que asesoro, por supuesto. Tampoco existe el candidato perfecto. No los idealizo. Pero sí creo que nosotros podemos ayudar a hacer una política mejor, principalmente en América Latina, y propiciar que la profesionalización política, además de fortalecer las habilidades técnicas, se enfoque en identificar esas líneas rojas en las formas de hacer política. Hablo de que pensemos en qué tipo de líderes se suben al poder. Nosotros ayudamos a elegir a aquellos que tomarán las decisiones más importantes de la sociedad. Por eso, jamás correré mis líneas éticas, aunque eso implique perder "buenos clientes".

DE UN CONSULTOR QUE NO ERA CONSULTOR, PERO YA ES CONSULTOR

Por: Daniel Alberto Barquet Loeza MMKP

—Hola, soy consultor…

—¿En serio? Yo sabía que eras reportero, que salías en la tele local y que hacías videos de política. Bueno, de políticos y de lo que aquí conocemos como "grilla", por la ola de grillos que pululan.

—Bueno, es que muchos dicen que hacen consultoría y asesoran a políticos, alcaldes, diputados, candidatos. Todos venimos de algo antes de la consultoría política… pero déjame decirte que ahora sí soy consultor.

—La verdad es que no te creo. Todos nos quieren cobrar por tal o cual consejo, por alguna nota en medios; ya ves que ahora cualquiera que tiene una cuenta de Facebook cree que tiene un periódico. El periodismo está muy golpeado, le pegan en su producto, que es la credibilidad. Todos quieren su pago, su… ¿cómo le dicen?…

—Chayote, le dicen chayo, pero es bidireccional; uno lo da, otro lo recibe a cambio de algo. Entiendo tu desconfianza por aquellos que sólo quieren cobrarte y no se comprometen a dar resultados. Recuerda que lo que no se puede medir, no se pueda evaluar. Y por allá podemos marcar la diferencia. Dame la oportunidad de contarte una historia.

—Bueno, consultor… convénceme…

—Correcto. Es cierto, vengo del periodismo, con más de 30 años de carrera. También soy criminólogo. En lo local, conozco a todos y cada uno de los actores de los años pasados y recientes y voy descubriendo a las nuevas generaciones. Así, descubro que lo local es mi fortaleza, mi territorio. Y en todos estos años he visto y participado directa o indirectamente en muchas campañas electorales.

Lo local

Por eso te puedo afirmar que consultores siempre ha habido. Algunos con currículum y antecedentes internacionales impresionantes. Pero no siempre ganan. Y eso ocurre muy seguido en esta parte del mundo. En buena medida fallaron por no entender la territorialidad, lo local. Y es ahí donde vi que había un nicho, una oportunidad. Ser el enlace, la tierra física de esos grandes estrategas que no conocen la colonia, el barrio, el pueblo. Ellos pueden ser muy buenos con las grandes tecnologías; es como ver a un francotirador experto y laureado, con lo último de lo último de la mira telescópica láser geo satelital, con visión nocturna y visión de rayos X… pero resulta que, abajo, eres tú el que tiene la bayoneta para el cuerpo a cuerpo y además te conoces cada rincón de la trinchera. Si no tienes la fortuna de estar en una gran agencia o con el talento que te lleva a portadas de revistas, al menos debes ser el mejor en tu casa, con tu gente. Ya sea que trabajes por tu cuenta o seas el *free lance* que todos quieren tener cuando van de visita.

Date cuenta de que requieres profesionalizarte

Y entonces sigo con el recuento de esta historia, la mía. Las relaciones públicas y la vida profesional me llevaron a realizar tareas. De repente, podía acercarme a un diputado o a un alcalde en su propia oficina y conversar temas que otros políticos querían poner en la mesa, pero no tenían acceso. O proponer obra pública, acciones sociales o cualquier cosa una vez que la puerta se abría y permitía la entrada. Luego aprendí que eso se llama *lobby* o cabildeo o de la manera que el manual de consultoría desee llamarlo. Finalmente, lo importante es hacer que suceda, como cuando un diputado local que se declaró independiente y sin acceso a los servicios de una bancada, te pide que le ayudes y, de repente, ves que tus estrategias funcionan y te empiezan a llamar asesor, aunque tú no tienes ni idea de la ciencia política o de estrategia en el sentido académico.

Una vez, coincidí con un joven político que sabía que no tenía experiencia pero sí el apoyo de su partido para ser candidato a la gubernatura. Esta persona era diputado federal y ya no sé si él, o yo, o la plática, llevó a considerar la posibilidad de que declinase en favor de otro personaje. Este procedía de otro partido, había disputado el mismo puesto en el proceso electoral anterior y contaba con un grupo —luego aprendí que tenía que llamarlo "estructura"— y, curiosamente, también era amigo mío.

Posterior al enlace y una vez que ambos personajes sabían del tema y se manifestaron interesados en coincidir, para evitar ruido (sí, hay que llamarlo entropía) utilizamos el canal de noticias donde colaboraba para citarlos con el pretexto de entrevistarlos y fue así que se logró la reunión discreta y se estableció el pacto por el bien común de ese instituto político que, aunque no ganó la gubernatura, sí rompió un bipartidismo de décadas y obtuvo su mejor votación. Uno de los personajes es hoy alto funcionario federal y el otro, el representante general en el estado de ese mismo gobierno. Punto para el consultor que todavía no era consultor.

Plaga

Te puedo decir que en lo poco que conozco del mundo de la consultoría política, esta se va popularizando con la televisión, las películas y los recursos que giran al rededor. Basta con revisar el Producto Interno Bruto del lugar en el que te encuentres o labores, para entender qué porcentaje de cada peso o dólar que cada uno tiene en la bolsa, procede o no de subsidio gubernamental. A mayor subsidio, más posibilidad de establecer que vivir fuera del presupuesto, es vivir en el error. El otro porcentaje, el que genera la iniciativa privada, te va llevando a definir de dónde pueden salir recursos para una campaña, y tienes que ubicarte lo más rápido posible porque, cada vez que se levanta una piedra aparece una agencia de consultoría o un consultor, real o autoproclamado. Agrega que, de facto, hay un consultor en cada persona que tenga algún gustillo, por más mínimo que sea, en la política (sí, ya sé, hay que llamarlo índice de desarrollo democrático). Es como un deporte profesional; los que cobran están en la cancha, pero en cada estadio hay directores técnicos de grada y *coaches* de escalera, como si fuera fútbol o béisbol o el deporte que usted prefiera. Todos opinan y todos tienen la mejor fórmula para que su equipo o su competidor ganen, incluso para que se vea mejor con sus colores y uniformes, porque, finalmente, ellos saben más que los profesionales a cargo. Los consultores son vistos, o pueden ser vistos, como una plaga. Y más si dicen aquello de "no todas las campañas son para ganar".

Las campañas ya no son 2D (pero muchos dinosaurios no lo saben)

En mis primeras campañas desde adentro, allá por 1990, conocí lo que por entonces se conocía como vacas sagradas de las campañas. Las campañas se limitaban a que el candidato recorriera todo lo posible, con eventos en los que daba discursos, repartía cosas y salía corriendo incluso para no volver a pisar el lugar nunca más, aún ganando. La gente sabía que antes o después del paso de los candidatos venía el reparto de algo. Los grandes coordinadores de campaña básicamente tenían una gran maleta con dinero (del que sólo repartían una parte y, lo demás, lo desaparecían), y lo aventaban en dos direcciones: a las lideresas de colonias o pueblos —entendido esto como tierra, estructura territorial que también incluía grupos de seguridad o inseguridad (para que entiendan sus oponentes o por si hay que llevarse o quemar la urna)— y, por supuesto, a la prensa y medios, a quienes llamaremos técnicamente como… aire. Aire que debía estar bien comido y bebido.

Por supuesto que candidatos y vacas sagradas gozaban de los afectos de amigos y compadres y, mientras más encumbrados en el partido político o gobierno, mejor. Eso era el mar, las relaciones públicas, pero no lo entendían así. No había *trackings* ni estrategias de contraste, ni redes sociales ni la tecnología para rastrear que la lideresa no sólo te cobraba a ti, sino a cuanto partido o membrete le llamaba. Incluso, con tu dinero, era imposible que supieras que estaba trabajando para otros. Definitivamente, eran dos dimensiones, eran campañas 2-D.

Tal vez ya no hay vacas sagradas. Pero sin duda hay dinosaurios. De esos que saben que el día de la jornada electoral es clave y mantienen la compra de votos, el robo de urnas, el carrusel, el ratón loco, y tantas otras figuras vernáculas más, pero a esto se ha sumado la política digital, la Campaña B, el contraste, el uso de la narrativa, el control de la agenda *setting*, la neuropolítica, el uso de la tecnología, las redes sociales, tantas y tantas cosas... y los consultores profesionales.

Profesionalizar; segunda vez que te lo digo

Te sigo contando. Este consultor, que no era consultor, estaba ahí, y te puedes imaginar lo visto en casi treinta años de campañas políticas electorales, sindicales y universitarias. Aire y mar; prensa y relaciones públicas. Llegaron el internet, el correo electrónico, MySpace, Mirc y Messenger como primeras redes sociales, y algunos no pudieron pasar de la Olympia Olivetti a la PC. Es lo mismo que sucede ahora con los que no pasan de hacer *troll* o perfiles falsos, cambiando una y otra vez el chip de su teléfono móvil o entrando y saliendo de cuentas en su pantalla, mientras hay otros montados en herramientas herederas del Multilogin Ads, Ghost Browser, y Whatsapp Bulk, que realizan escucha social o mapean el territorio en tiempo real. Que siguen en tiempo real a sus promotores de voto o a sus encuestadores, como si fueran vehículos de Uber o repartos de Rappi o cualquier tipo de plataforma de transporte o alimentos.

Es que, en los hechos, todo suma. ¿Te dije al principio que también soy criminólogo? Pues quién diría que terminó sirviendo el uso de metodología para recabar datos. O saber de lenguaje no verbal para ayudar a preparar un debate o para interpretar al oponente. La semiótica para dar razón a los signos en la tríada de la personalidad oscura o en el desarrollo de arquetipos o dentro del *personal branding*, sólo por citar algunos ejemplos.

¿Y dónde me capacito?

El fenómeno de las modas educacionales se ha visto varias veces en los países latinoamericanos. Ocurrió como con los comunicólogos y el periodismo. Luego la psicología. La misma criminología. Ingeniería en Sistemas. Mercadotecnia y publicidad. El *marketing* político parece estar en su momento. Al menos así se observa cuando se tienen cupos llenos en seminarios y congresos nacionales e internacionales en los que hacia el 2020 eran casi los mismos ponentes en unos y en otros sitios, y ahora se multiplican.

En la pandemia, el uso de plataformas como Zoom ayudó en gran manera a esta difusión. Algunos hicieron un esfuerzo por democratizar, por llamarlo de alguna manera, el conocimiento que se difundía gratuito o, como estrategia de mercadeo, por cuota. Así, otro escollo para el consultor que no es consultor, pero quiere ser consultor, es dónde estudiar y adquirir el conocimiento adecuado. Nuevamente la respuesta es: todo suma. Sólo ten cuidado de colocar lo más adecuadamente posible los recursos de pago que vas a utilizar. Hay que leer y analizar perfiles, casi como lo harías para escoger a un candidato, pero sobre todo, traza una ruta sobre lo que quieres saber. Al principio, una untada sobre el pan puede ser lo más adecuado. En mi hobby en la cocina, aprendí que una buena bocata es aquella a la que no le queda un sólo rincón sin aderezo. Luego, si piensas en 4-D puedes ir especializándote, ya sea en tierra, en aire, en lo digital o en el mar. Incluso puedes acabar escribiendo capítulos sobre tu historia. ¿Charlatanes? Sí, siempre hay, sólo ve con calma.

Agencias encuestadoras

Oficialmente, en la profesionalización de la actividad, ingresé en el tema de las encuestas. Para esto, ya tenía una experiencia académica luego de capacitarme como periodista para detectar las fallas o las mentiras de una encuesta. Esto es importante porque, como en la lucha libre en donde toda llave de brazos y piernas tiene una contrallave, en las encuestas siempre hay dos caras; la privada que se entrega a quien contrata o patrocina, o directamente a quien esté a cargo del *war room* y, la pública, que básicamente es propaganda y sirve para posicionar una narrativa desde el ataque, defensa o prevención.

Estos dobles datos también requieren de un método. Por más que te pidan o te paguen para que alguno de los indicadores a presentar sea más alto o más bajo, no servirá el distractor si no respetas el algoritmo. Así, podrás ver que algunos presumen 97 por ciento de índice de credibilidad y confianza, pero no corresponde con la muestra en relación al universo o total poblacional a medir.

No te compliques. Hay herramientas como Survey Monkey que ya te dan una calculadora para que, por ejemplo, si Yucatán tiene 2 millones 300 mil habitantes y el padrón electoral es el 70 por ciento de la población, decidas el tamaño de la muestra en base a qué margen de error quieres manejarte (1111 cuestionarios para un +-3 por ejemplo. A mayor muestra, menor margen de error. Y otro tip, ese +-3 sólo lo logras con una medición pie de casa, *face2face*. Las telefónicas o *robot call* no pueden dar menos de un +-6 y ni qué decir de algo hecho por internet, Facebook, Twitter o un largo etcétera sobre +-10 de error).

Total, que el tema de las encuestas merece especial atención, ya que su uso se ha popularizado, incremento que también va en rumbo de sus detractores. Otro punto importante es entender que las fotografías del momento, como algunos llaman a las encuestas, no son nada de manera aislada, pues un *tracking* o reiteración de la medición para comparar en una línea de tiempo, permite una mejor idea del fenómeno o construcción de la narrativa. Además, es importante entender que primero es la segmentación y luego la comunicación, y que la segmentación tiene que relacionar la demografía, con la geografía, la psicografía y la conducta. No sólo es medir por medir.

La pandemia como detonante

Pasa el tiempo y tal vez nos vamos olvidando de esos meses sin salir de casa o con poca movilidad. La pandemia de alguna manera fue un detonante para el auge de la mercadotecnia política, sobre todo en lo que al terreno digital se refiere. Consultoría por Zoom o en videoconferencia o videollamada pasó de ser una idea a algo cotidiano. Durante la pandemia también aprovechamos curso tras curso, y conferencias a modo de probaditas, de botana para incentivar las papilas gustativas del conocimiento, mientras esperábamos el momento para salir a tomar la calle y las urnas. Fue mi caso. Alcanzó incluso para legitimar el currículum y una parte del ego. De cualquier cantidad de cursos gratis y cursos pagados, pasé la maestría en Marketing Político.

En la pandemia, se acentuó la consultoría "desde lo local", y nos fuimos por lo básico: lista de personas conocidas que aspiraban a algo, posibilidad de relacionarnos, temas o productos en los que ya estábamos capacitados para ofrecer algún servicio, etc. Práctico. Cuando se estudia alta dirección y manejo de recursos humanos, se aprende que si no eres brasileño o argentino, no busques la gambeta o el *skill* como primera opción; lo primero, es estar bien parado en la cancha; lo segundo es mostrar que sabes tocar el balón; luego vendrán los adornos.

En 2021, este futbolero debutó como consultor profesional. Sólo en un caso puedo decir que fui el estratega general; municipio pequeño, menos de 2 mil 500 habitantes, poca cobertura de redes en la zona, y más territorial que de aire (algunas veces hay que construirlo o recurrir a una bicicleta con bocinas). Resultado: 3 a 1 y todo mundo feliz. En otras cuatro campañas se hicieron labores diversas en donde se ganó la elección. Una más, por cierto la que más pagó, se pidieron muchas cosas digitales al construir un ecosistema, pero en el "cuarto de guerra" decidieron no utilizar ninguna. Nada de extraño resulta decir que ese candidato perdió, pero es un gran pagador. Algunas veces así pasa, algunos ganadores en alcaldías aspiran a reelección o diputación, los diputados quieren ser alcaldes, dos quieren ser gobernadores. Todos siguen como clientes y amigos.

No trabajo con partidos

Para el consultor júnior, pequeño, que va empezando o que está dentro de la perspectiva local, pasa con frecuencia que difícilmente laborará para algún candidato, debido al monopolio que desde la cúpula de los partidos se ejerce y que condiciona el presupuesto a ejercer. La ruta larga es tratar de entrar a la estructura del partido o de la agencia consultora y esperar y esperar.

Mientras más grande el instituto político, más repartido y centralizado estará el recurso para realizar una campaña. Algunas agencias prácticamente están etiquetadas por los colores y marcas de tal o cual partido. Si no estás allá, no entras. Pero hay una ruta corta, así que si no se puede entrar por la puerta, tienes que usar las ventanas. Posicionarse en un territorio, y dominar desde lo local incluye a las relaciones públicas. En dado caso, como ocurre con el área médica, hay vacantes como experto de segunda opinión. Y en eso, la relación personal con el candidato juega un factor importante. En todo caso, roto el monopolio de los estrategas del partido, habrás de sortear el cerco clásico familiar, ahí donde en lugar de un community manager está el "sobrinity", al igual que el esposo, esposa o gran amigo que "toma unas fotos divinas". No pierdas de vista al Diógenes, que por lo general es una persona mayor a quien el o la aspirante tiene respeto por sus comentarios.

Los estrategas de la nómina del partido tienen su monopolio, pero las relaciones públicas te permitirán, en tanto te posicionas por resultados, estar en una posición inmejorable, fuera del cuarto de guerra, viendo lo que los demás no ven y en espera, suele ocurrir, de que te llamen al núcleo de la campaña.

El imperio de las redes

Es la tercera vez que te lo digo: capacitarse es clave. No hay campañas iguales, pero hay experiencia de otros que puedes sumar. Las redes no votan, pero son una de las herramientas de comunicación más poderosas en esta parte del siglo XXI. Entiende el metalenguaje, no dejes de estudiar. No es lo mismo una Campaña A que una B. No está bien repetir el contenido, ¿Te acuerdas que hablamos de vacas sagradas y dinosaurios? Las campañas antiguas eran en dos dimensiones: tierra y aire. Hoy se puede discutir si las redes sociales ganan elecciones o sólo son un complemento. También tiene que ver la relación proporcional con la pobreza que se pueda medir en las zonas de elección; en México, hay amplias zonas en donde la tecnología digital aún no llega o la señal de internet falla todo el tiempo, pero recuerda que el principio es el mismo: tejer redes, enlazar personas, en este caso, votantes.

Así que, si estás en una zona donde sí hay servicios digitales, disfrútalos y ocúpalos. Entiende de embajadores digitales para que tu personaje no tenga que bailar cuando no sabe o rezar cuando no quiere. Y lo legal también cuenta; entender un convenio o cláusula de confidencialidad le dará certidumbre a tu participación, más si eres un servidor externo. Y no dejes de tejer redes.

Cuánto cobrar

Un gran problema es cuánto cobrar por el trabajo. Empiezas a escuchar voces; que si el modelo de tal universidad de Estados Unidos marca 80 dólares la hora, que eso no aplica pues es "por proyecto", que no es nada porque eres mi amigo, que es mercado de futuros, si ganamos te toca una dirección en el ayuntamiento o poder dar empleo a tal número de personas, que por resultados, si ganamos te pago. Y entonces vimos la luz: AICODI organizó el primer tabulador para la consultoría política digital. Su versión 2022 se puede consultar en www. soyaicodi.com

Aquí vale la pena marcar un asterisco. Las campañas son procesos diferentes a los de una corrida financiera comercial. El factor político y las crecientes disposiciones de control hacendario sobre la actividad política, llevan a que haya condiciones contables y actividades por fuera o en efectivo. No hay dinero más caro que el que no se tiene, señala una frase que utilizan algunos agiotistas, y es que los partidos políticos y sus candidatos actúan como grandes franquicias que movilizan miles de millones de pesos cada año, y en la mayoría de los casos, aparte de las ministraciones de los entes públicos (como los institutos electorales), se reciben recursos lícitos (o en sospechosismo, ilícitos).

En la campaña de 2021, se observó un movimiento inusual de ambulancias, en plena pandemia, que se trasladaban de fuera de un estado hacia sus municipios. Luego acabarían en el remate de los lotes de vehículos luciendo doble fondo. En cualquier caso, por contrato o por fuera, no pierdas de vista que llega un momento en el que si no cobraste la campaña y faltan pocos días para la jornada electoral, es probable que ya no cobres el saldo. La razón es simple: cualquier estratega recomendaría disponer los últimos activos para la movilización de la estructura el día de la votación. Así de simple: cuando la leche es poca, al bebé le toca, y tú como consultor no estás en la cuna. De tener un saldo a favor, no olvides mencionarlo, no para cobrar, sino para que quede claro que es una inversión de tu parte.

Todos somos candidatos a algo

Otra opción cuando tu lugar en la consultoría es por fuera de los partidos políticos o del orden establecido, es actuar como cazador buscando nuevas figuras o talentos. A la par, recuerda que una elección no sólo es de tipo político electoral para elegir autoridades gubernamentales, sino que los sindicatos y las universidades también son sitios de continuas acciones de elección.

En el fondo, todos somos candidatos a algo. A obtener un empleo, ser aceptados por una pareja, o ser una figura importante en la oficina o en el equipo deportivo. La carrera por una rectoría universitaria importante en la región, o la dirigencia de sindicatos claves para instituciones educativas o de salud han sido rumbos por los que me ha llevado la consultoría. También hay consultores que se ven a sí mismos como candidatos o figuras públicas centrales en la campaña, por encima de sus candidatos. La historia dice que el consultor no debe asumir el rol protagónico por encima de su cliente o asesorado, pero es una tentación que ha cruzado por la mente de más de un consultor político.

Y, por cierto… ¿ya te dije que soy consultor?…

EL CAMINO DEL ROOKIE

Por: Luis Rendueles

El camino del rookie es una recopilación sobre mis aprendizajes en la consultoría política. Un rookie es un novato que juega su primera temporada en el primer equipo. Como si un canterano hiciera su debut en la *Champions League* con el Real Madrid.

Estas anécdotas, más que un modelo a seguir, quieren servir como la recopilación de experiencias e inspiración para otros jóvenes que quieran iniciar en el fascinante mundo de la consultoría política. Aunque les advierto: no es tan maravilloso como lo pintan ni tan feo como parece.

Inicié en la consultoría política por casualidad, o, mejor dicho, por causalidad. En la pandemia, tenía que realizar mis prácticas profesionales y estaba haciéndome las preguntas que muchos jóvenes como yo se hacen: ¿ahora qué haré? y ¿cuál será la siguiente etapa en mi vida, después de haber estudiado todos estos años ciencias políticas? Una carrera en la que aprendes con mucha teoría y poca práctica, cabe destacar. Y de allí, en plena pandemia, cuando muchas puertas se habían cerrado y la frustración estaba a la orden del día, conocí en una conferencia por Zoom a algunos consultores políticos como Patricio Morelos, Amaury Mogollón, Aureola del Sol y muchos otros que se dedicaban a esta fascinante labor y a quienes, por cierto, les agradezco mucho y siguen siendo casos de éxito para jóvenes de toda América Latina.

En ese entonces, no sabía mucho sobre qué hacía un consultor político y las campañas electorales, que, por el contexto tan politizado en mi país, Venezuela, me parecía más que un asunto interesante, algo muy difícil y lejano de lograr. Un campo laboral inexistente e inaccesible, porque muchos son llamados, y pocos los elegidos (Mateo 22:14).

El consultor, era esa figura lejana, autoritaria, prestigiosa, una estrella de televisión, con un gran ego y mucho dinero, con la gran capacidad de determinar el éxito o no de una campaña, y ser reconocido por sus triunfos en todas las elecciones del mundo. Pero nada más lejos de la realidad. Qué ingenuo fui en ese momento.

Una gran amiga, organizadora de este evento con los consultores políticos, que había estudiado conmigo en la universidad, hizo el contacto con quien posteriormente iba a ser mi jefe y le compartió mis datos. Le escribí, le envié mi currículum por correo, y al ver que no respondió, hice todo lo posible para escribirle por WhatsApp y conseguir la oportunidad que necesitaba para lograr mi título académico. Luego, muchos meses después, conversando cara a cara en México, me dijo: "Sí, la verdad es que fuiste bastante intenso", y yo me morí de la risa.

En el fondo, siempre quise que esa experiencia me sirviera para dar un salto profesional y poder saber hacia dónde iba a ir mi vida en ese momento. Nunca pensé que iba a trabajar en una campaña electoral ni mucho menos pensé que podría vivir en algún momento de mi vida de la consultoría política. Creo que me falto tener fe y confianza en mis capacidades. Aquí va el primer aprendizaje: den lo mejor de ustedes en cada cosa que hagan y siempre confíen en sus capacidades. Los jóvenes sabemos dónde empezamos, pero nunca sabremos con certeza en dónde y con quién terminaremos.

Comencé a realizar mis prácticas profesionales no directamente involucrado en la consultoría política, aunque sí muy cerca, y desde el inicio, puedo decir (y pueden confirmar mis superiores de ese momento) que aproveché la oportunidad. Di lo mejor de mí en los proyectos en los que participé, apoyé al equipo en las tareas en las que podía ayudar, utilicé los conocimientos que aprendí en la universidad, aprendí sobre liderazgo, trabajo en equipo, resolución de problemas y a afrontar los problemas de forma proactiva para solucionar, y en definitiva, a dar resultados. Y desde allí, nació mi primera oportunidad: entrar en una campaña electoral, por recomendación e invitación de mi jefe de ese entonces.

En esa campaña, me tocó realizar un trabajo que no conocía y que tuve que aprender de cero. La clave fue preguntar todo lo que me generaba dudas y lanzarme en el camino, aprendiendo de forma autodidacta y desde la experiencia. Es decir, aquí no hay fórmulas mágicas, era atreverse a hacer un trabajo que no comprendía y que tenía que aprender en el día a día para poder lograr los resultados que esperaban de mí. Con el tiempo he comprendido que en la medida que tu trabajo genere resultados, tu trabajo será mejor. Si trabajas y no generas resultados, entonces estás perdiendo el tiempo. En este mundo tan competido vendrá otro que si dará resultados y que te quitará tu lugar, y allí se puede acabar tu *rookie journal*.

Otra gran lección que aprendí es que de seguro vas a necesitar un mentor o mentora. Un mentor es una persona que escogemos para que nos guíe en el camino y nos pueda enseñar cómo se trabaja y cómo funciona este mundo, aunque, ciertamente, la experiencia de cada quien es distinta, y está condicionada por las cosas buenas o malas que vivió en el pasado, pueden servirte mucho para darte las bases: por dónde comenzar, hacia dónde ir, en qué área especializarte y lograr, por su puesto, tus primeros clientes.

Mi mentora me ayudó mucho, y me sigue ayudando (les digo el nombre, orgullosamente; Aureola del Sol). Me abrió nuevas oportunidades, hizo que la curiosidad sobre esta profesión creciera en mí, e hizo que entrara en una nueva campaña y a partir de allí tuviera mi "despegue" en la carrera como consultor. Eso es muy importante, pero no es lo único. Por más que te impulsen, tienes que tener la ambición, la personalidad y la fuerza para mantenerte en este trabajo apasionante pero complicado; muchos empiezan, me decían en un principio, y pocos son los que se mantienen. Al final, no importa si comenzaste hace 10 años o si comenzaste hoy, lo importante es mantenerse y que esto lo puedas ver como un negocio: rentable y sostenible en el tiempo.

Recuerdo que uno de los primeros libros que leí fue "¿Cómo ser un consultor político?", escrito por el consultor argentino Carlos Fara. Creo que es un libro indispensable para todo aquel que quiera iniciar en este mundo, aunque, ciertamente, algo que no nos dicen es que una cosa es lo que dicen los libros y otra es la "realpolitik". La lectura me ayudó mucho para profundizar conocimientos teóricos, aunque también me sirvió mucho para abrir mi mente y aprender a escuchar. Sí, escuchar. Escuchar es muy importante; escuchar a tus mentores, escuchar a los políticos, escuchar a la gente en la calle, en el Uber, en los supermercados; escuchar, escuchar, escuchar. El que escucha aprende a tener una visión más amplia del entorno y logra tener más asertividad cuando se trata de comunicación de gobierno y de campañas electorales.

De hecho, esto lo puedo conectar con otra anécdota. Una vez, en una campaña, alguien a quien aprecio mucho me dijo: "Luis, estás hablando demasiado; dedícate a escuchar y a hacer el trabajo que te corresponde". Aunque les confieso que en ese momento esa oración me cayó como un balde de agua fría, hoy le agradezco mucho a esa persona su sinceridad. Ese aprendizaje, lo puedo resumir en una frase: habla menos, escucha más y trabaja más.

En el camino, vi a muchos consultores metiéndose el pie entre ellos y cerrándose las puertas, y creo que ese es otro punto del que debo hablar en mi experiencia. Mucha gente va a dudar de ti y te va a decir que eres muy joven y no estás preparado, como si la formación académica no valiera nada, como si los conocimientos, la disposición y la actitud no fueran suficientes para dar la talla. Creo que a los jóvenes se nos subestima demasiado. Trabajamos imparablemente para dar los resultados que nos piden, y se nos valora a la mitad. Otra gran lección: nunca te quedes en un sitio donde no te valoran lo suficiente, y con eso también me refiero a cómo cobrar. Eso no implica que en tu primera campaña te vayan a pagar cincuenta mil dólares, eso implica que tu tiempo, tu talento y tu disposición valen tanto como los demás. Tu valor no se define por tu juventud, se define por tus capacidades; lección de oro en este mundo. Por cierto, el Tabulador de Servicios Digitales para la política de AI-CODI es una gran referencia para saber cuánto cobrar, aunque dependerá mucho de un elemento: si el cliente ve el valor que ofreces y está dispuesto a pagarlo.

Se me han acercado muchos jóvenes a decirme que quisieran comenzar en este mundo y a todos les he contestado con amabilidad y con confianza. Hemos compartido criterios, opiniones y modos de ver el mundo político, pero lo importante es que siempre tengamos la disposición de trabajar en equipo. Yo soy de los que cree que hay espacio para todos, sí, para todos los que trabajan, se dedican con pasión a esto y hacen equipo. Para esos siempre habrá espacios y alianzas posibles en el mundo de la consultoría política.

Otro de los grandes golpes que me enseñaron mucho en este camino fue cuando se acabó la campaña. Participé junto a un gran equipo en una campaña electoral a la gubernatura y perdimos. Luego, la pregunta que me hice fue: ¿ahora qué?, ¿ahora qué viene? Lo cierto, es que las campañas electorales no son eternas, se acaban y tienen dos resultados: pierdes o ganas, y casi siempre se pierde. No hay consultor lo suficientemente bueno que nunca haya perdido una campaña. Es ley de vida y ley de la política, y de las derrotas, se aprende demasiado. Entonces, lo mejor es siempre tener un Plan B. No, no significa que vas a trabajar en la campaña del adversario, significa, como me dijo un gran amigo en esa ocasión, que no puedes poner todos los huevos en la misma canasta. Debes diversificarte, debes construir una cartera de clientes y debes estar en varios lugares al mismo tiempo, y para lograr eso de "no poner los huevos en la misma canasta", tenía que construir mi propia marca personal.

A eso me dediqué. Cuando terminó la campaña, hice mi maleta y volví a mi hogar. Se sintió como un comenzar de cero, aunque, realmente, algo que he aprendido es que uno nunca comienza de cero. Siempre la experiencia te deja cosas positivas y negativas, te deja lecciones, amigos y conocidos, te deja lugares, te deja momentos; te deja una nueva vida.

Como les decía, me dediqué de lleno a mi marca personal, y aunque odio ser autorreferencial, cuando comencé a invertir en mi marca personal, lo hice sin recursos; sólo con creatividad e ingenio. Comencé a crear contenido en mis redes sociales, creé mi página web con un blog para poder escribir, me invitaron a dar charlas y conferencias (gratuitas, las cuales acepté para crecer y aumentar mi posicionamiento), tuve algunas entrevistas en medios de comunicación, y comenzaron a llegar nuevos clientes y nuevas oportunidades. Si algo he aprendido en este camino, es que no podemos depender siempre de los otros y que tenemos que generar nuestro propio camino, nuestras propias oportunidades, eso sí, sabiendo tejer alianzas, pero entendiendo que al final del día, sólo estas tú. Y claro, que las deudas no se pagan solas.

En este punto, también toca sincerarnos. No podemos pretender cobrar como aquellos que tienen más de 10 años en este mercado, o hacer nosotros solos los servicios que ofrece una agencia digital completa. En ese punto, creo que también es importante saber en dónde estamos parados y ser humildes. Hoy podemos estar arriba, mañana no sabemos. Hoy tenemos clientes y estamos en dos o tres campañas, y mañana no sabemos.

En este mundo, que es cierto que está lleno de vendehúmos, los consultores jóvenes tenemos el reto de dar el ejemplo y no caer en las viejas y malas prácticas. Seguramente ya hemos escuchado a muchos consultores declarar la guerra a los anti humos; la sinceridad y las capacidades ante todo. No vale la pena mentir por ganar un cliente; primero, porque este mundo es muy pequeño, y todos sabemos qué consultor trabajó con "X" cliente, "X" campaña o "X" gobierno; y segundo, porque tarde o temprano el cliente se dará cuenta si nuestro trabajo es bueno y da los resultados que prometemos. Y eso será determinante; te podrá abrir o cerrar puertas.

Los valores; otro gran punto del que quiero hablar en este capítulo. Sabemos que la política es un mundo oscuro, donde hay muchos intereses ocultos, corrupción y personas sin escrúpulos. Otra cosa que he aprendido en esta carrera, es a mantenerme siempre aferrado a mis principios y valores. En la consultoría, como en la vida, los principios son y deben ser innegociables. "La honestidad es un valor que siempre se le demuestra al cliente", me dijo una vez un amigo consultor, y tiene toda la razón. He intentado siempre poner en práctica lo que he aprendido en mi casa, lo que me han enseñado mis padres.

Mantenerse actualizado también es importante. Uno de los peores errores que podemos tener en esta profesión —y me atrevo a decir, nuevamente, en la vida en general— es creer que ya lo sabemos todo. Nunca lo vas a saber todo y cada campaña es una nueva oportunidad para aprender. De hecho, de las derrotas se aprende más que de las victorias, y no hay consultor perfecto, que se las sepa todas y que no haya perdido nunca una elección. Si te dicen eso, corre, es un vende humo, y de esos no queremos. Lo bueno, mi querido lector, es que existen muchas oportunidades y espacios para formarse, y aplaudo cada vez que mis amigos de Politólogos Digitales, Canvas, y otras organizaciones académicas abren espacios para que la gente pueda acceder al conocimiento.

Desde que comencé, intenté aprovechar cada charla, sobre todo aquellas que no fueran relacionadas a mi área de especialidad: campañas en tierra, estrategia general de campañas, campañas B —o de contraste—, etc., y de ese modo, fui teniendo una perspectiva general de cómo funciona el mundo de las campañas electorales, de la comunicación de gobierno, y de los sistemas políticos latinoamericanos en la práctica. En definitiva, cuando hay ganas, siempre habrá posibilidad de formarte, aprender, ser mejor persona y mejor profesional, pero al mismo tiempo, la pasión y las ganas, por si solas, no son suficientes. Esto lo vuelvo a conectar con otra pequeña anécdota de una campaña electoral:

Había finalizado el proceso electoral y nuestro candidato había perdido la elección. En ese momento, como equipo de consultoría, nos tocaba hacer un balance de qué cosas funcionaron y no funcionaron en la campaña, así como un ejercicio que hoy recuerdo en perspectiva como un gran momento: darnos *feedback* mutuo de las cosas que cada uno hizo bien y que no hizo tan bien. Una de las personas que me acompañaba me dijo: "Luis, ¿te puedo dar un consejo?", y yo, muy preocupado, para aliviar la tensión le contesté: ¿cuál de tantos?, a lo que respondió: "Cuando las personas de tu equipo te pregunten cómo estás, nunca contestes que estás cansado, así no hayas dormido nada la noche anterior". ¡Wow! Les confieso que creo que es uno de los peores consejos que me han dado en mi vida. Y no porque crea que me lo dijo de mala forma, pues me lo tomé muy bien en ese momento, pero hoy reflexiono, y pienso que los consultores no somos robots. No somos máquinas que generan estrategias, no tienen sentimientos y sólo se dedican a ayudar a ganar una elección. Hoy defiendo el derecho a cansarnos. Sí, a cansarnos; nosotros como consultores podemos cansarnos, podemos quedarnos sin ideas, podemos estar en *burnout*. El reto, evidentemente, es lograr tener la mayor claridad de ideas posible y energía para tomar mejores decisiones, pero quienes trabajamos en este mundo sabemos que pasamos muchos días sin dormir bien, con mucho estrés y responsabilidades, y con la sensación de que tenemos que dar resultados con urgencia o estaremos fuera de la campaña. Cada día doy gracias por no tomar muy en serio ese consejo.

El trabajo en equipo y la comunicación interna.

Hay muchos libros que te dicen lo indispensable que es la comunicación interna para el funcionamiento de cualquier equipo, sin embargo a nosotros, en una campaña muy importante, nos falló la comunicación. Sobre todo, nos falló la delimitación y claridad en las responsabilidades. Sí, parece irónico, somos personas que se dedican a ayudar a otros a mejorar su comunicación de campaña, sus mensajes, sus redes sociales y su contacto con los seguidores, pero a veces, en los equipos de campaña, se nos olvida mantener una comunicación proactiva y efectiva. En esta ocasión, estábamos trabajando para posicionar a un actor político con mucha experiencia pero poca fortuna, un hombre experimentado, mayor de cincuenta años y con grandes aspiraciones políticas, un hombre preparado, con valores, buen discurso, y, sobre todo, muy buena persona. En ese entonces —era el mes de diciembre—, me llamó una persona cercana al candidato y me dijo: "Luis, quiero que trabajes con nosotros en este proyecto. Queremos invitarte porque sabemos que haces estrategia digital y hemos escuchado buenas cosas de ti". Posteriormente, tuve una reunión y acordamos los detalles importantes: el qué, el cómo y el cuándo. Tenía que saber con claridad cuál era el alcance del proyecto, cuáles eran los entregables que me comprometía a enviar al cliente, cuál era el plazo en el que íbamos a realizar el proyecto, si se contaba o no con el equipo para implementar la estrategia digital, y por supuesto, el pago de mis honorarios profesionales. Hasta allí, todo bien. Hasta que comenzamos en enero.

Esa campaña de posicionamiento, guardándome la confidencialidad que amerita el asunto, fue un caos permanente. Y el error principal fue que entraron muchas personas con ganas de ayudar al candidato; contrataron a una agencia, a un diseñador, a un community, y armaron un ejército de voluntarios, pero NUNCA se precisó con claridad cuáles eran las responsabilidades de cada quien y cuáles eran los entregables con los que debían de cumplir durante el tiempo de la campaña. El único que tenía claro su rol era yo, por la experiencia y por la reunión que habíamos tenido al inicio de mi entrada al proyecto.

La campaña fracasó. A pesar de que se comunicó el mensaje que se debía de comunicar, no se hizo a tiempo, y el *timing* en una campaña electoral es imprescindible. Éramos muchas personas con ganas de ayudar a lograr el objetivo, pero falló la coordinación y la comunicación. Ah, un gran detalle: ahí estuvo el peor jefe de campaña que he conocido en mi vida. Ni era jefe, ni sabía de campaña, ni entendía en dónde nos estábamos metiendo. En conclusión: falló la comunicación y la delimitación de las responsabilidades, y no se lograron los objetivos de la campaña. Un organigrama no es suficiente para administrar el caos, se necesita de claridad en la comunicación de los equipos de campaña. La lección de oro es: documenta todo tu trabajo y ten claras tus responsabilidades cuando aceptes ingresar a un proyecto. Qué difícil parece que cada quien entienda cuál es la responsabilidad que le toca asumir en el momento determinado y saber qué esperar de esas personas durante el tiempo que dure la campaña electoral. Lo que no se comunica, no existe.

Hasta aquí llega, por ahora, el camino del novato. Ha sido un camino de muchos gratos momentos, pero también de muchos golpes. Espero que estas anécdotas puedan servir a los lectores para comprender en dónde estamos parados los consultores jóvenes y cómo adentrarse en esta profesión de la mejor manera posible. A continuación, mi resumen de "aprendizajes" o de "lecciones" que les dejo a todos los que quieran entrar en este apasionante mundo de la consultoría política:

Los aprendizajes del *rookie*:

1. Da lo mejor en cada proyecto que tengas y aprovecha las oportunidades. Pocas veces el tren pasa dos veces.
2. El que pregunta no se equivoca. Si tienes dudas, exprésalas o investiga la respuesta. Preguntar es la mejor forma de aprender y avanzar.
3. Consigue un mentor. Es muy difícil empezar en este mundo sin el soporte de alguien que lo conoce y puede orientarte.
4. No te quedes en un lugar donde no valoran tu trabajo lo suficiente. Tu talento y tu tiempo valen tanto como el de los demás.
5. Habla menos, escucha más y trabaja el doble. Escuchar es la mejor forma de aprender y comprender lo que pasa a tu alrededor.
6. No pongas los huevos en la misma canasta. Construye tu propia cartera de clientes y fortalece tu marca personal.

7. Los valores y los principios no se negocian. Un día estas abajo, otro día estás arriba. Humildad.

8. La importancia de mantenerse actualizado. Aprovecha las oportunidades y no creas que lo sabes todo. El ego es el enemigo.

9. Cuida tu tiempo de descanso y no te tomes nada personal.

10. Documenta todo tu trabajo y ten claras tus responsabilidades cuando aceptes ingresar a un proyecto.

CONSULTOR COMO ESTILO DE VIDA

Por: Hugo Ontiveros

La vida en la consultoría va más allá de generar estrategias, de hacer grandes piezas videográficas para la campaña o de generar votos; las campañas para nosotros los consultores, son todo un estilo de vida. Uno ya lo tiene incorporado en las venas. Les cuento el porqué…

Son cientos de miles de kilómetros los que he recorrido. He tenido la posibilidad y el privilegio de conocer estados completos, muchas comunidades y muchos Méxicos. Hace algunos años tuve la fortuna de participar en el municipio de San Pedro Garza García, Nuevo León, considerado uno de los más ricos en Latinoamérica, y en donde una de las principales demandas de la ciudadanía en ese entonces eran temas de mejor movilidad, mejores espacios públicos, entre otros aspectos que en cualquier otra zona de América Latina no serían de primera necesidad. Por otra parte, he tenido también la posibilidad de estar en uno de los municipios más pobres del país según las mediciones de pobreza de CONEVAL: el municipio de Jiménez del Teul, Zacatecas.

El día que tuve la oportunidad de estar en la comunidad Atotonilco, de ese mismo municipio, fue un día que hasta la fecha no se me olvida. Las miradas de esas niñas que desde los trece años ya estaban embarazadas, ver a señoritas de dieciséis años ya con sus bebés en brazos, fue algo que me quedó marcado. La pobreza y la marginación que palpé en ese lugar, nunca antes la había vivido en primera persona. Es comunidad en donde prácticamente el cien por ciento de sus habitantes son mujeres, debido a que sus hombres tuvieron que emigrar al norte, como ellos le llaman irse a los Estados Unidos de América. Recuerdo con mucha claridad ver a muchos niños con discapacidades y síndromes debido a que muchas veces son producto de la relación entre familiares.

A veces las políticas públicas no llegan hasta donde debería de llegar. El caso que les expongo cuenta con un gran rezago social digno de materia de estudio. Sinceramente escribir estas letras me genera un nudo en la garganta de sólo recordar, y por su puesto me quedo corto con esta narrativa, pero al final del día, en medio de todo conflicto o situación social, vive gente.

Siempre hago la reflexión de que somos más los buenos, y eso me ha quedado claro al recorrer cientos de municipios de mi país, tanto en la zona rural, como en la urbana, aunque he de decir que la gente de campo tiene un corazón mucho más noble y bondadoso. Los lectores y mis colegas a los que les ha tocado estar en tierra y han podido comer en alguna ranchería un platito de frijoles con una tortilla recién hecha acompañada de un rico queso ranchero, sin duda sabrán que no se compara con ningún platillo del "Pujol" y su estrella Michelin. Compartir con amor, es la receta secreta de sus cocinas.

En la vida uno quisiera compartir con sus amigos y seres queridos lo más bonito que uno ve y vive. Hay sentimientos que un celular de estos que ya valen más de treinta mil pesos, no pueden captar. Me refiero a los olores de la madera en los aserraderos de Durango, un atardecer en Bahía de Banderas,

Nayarit, las vacas pastando en el sur de Zacatecas, los caminos sinuosos para llegar a Puerto Vallarta, las horas de espera en los aeropuertos, la incertidumbre que generan las demoras y más si tienes un vuelo en conexión. Llegar a una nueva ciudad o a un nuevo país sin duda es una experiencia maravillosa, pero genera retos que nos son para cualquiera.

La situación en materia de seguridad, para los mexicanos es un tema con el que desafortunadamente hemos tenido que aprender a desarrollarnos. En mi caso, tengo mucha influencia en el centro del país, por lo que me ha tocado trabajar constantemente en Fresnillo, uno de los municipios con mayor percepción de violencia en Latinoamérica. Trabajar en este municipio ha obligado al equipo a desarrollar el instinto de supervivencia y a detonar la capacidad para saber oler el peligro. En numerosas ocasiones nos hemos enfrentado a situaciones de riesgo como narco bloqueos, retenes de militares con tenis y de sobrepeso, grupos armados en camionetas de alta gama y con el vidrio frontal polarizado, poncha llantas, despojo de vehículos en las principales arterias viales, balazos en el primer cuadro de la ciudad, en donde mataron a un niño no mayor a nueve años, que iba saliendo de misa; en fin, son un sin número de situaciones las que hemos vivido en este lugar, pero bien se dice que de todo se aprende.

Sin campo no hay comida, y sin una buena alimentación, es muy probable que la salud no sea la adecuada. Como regiomontano, crecí en un entorno en donde la agricultura no estaba cerca de mí, y lo único que me acercaba a esta actividad primaria era la zona citrícola en mi estado. Ver los campos verdes en muchas zonas del país y saber cómo crecen los alimentos que llegan a nuestras mesas, ha sido algo que en carnes asadas con los amigos suelo presumir. Les confieso que soy muy amante de las semillas de calabaza, por lo que la primera vez que supe de sus ciclos, quedé profundamente sorprendido. México es un país que basa la dieta en las leguminosas y el maíz, por lo que he de presumirles que la bendita vida de consultor me ha llevado a recorrer miles de hectáreas en donde nacen estos símbolos de nuestra nación. Jamás me imaginé como era la agricultura controlada, y les comparto que una ocasión esta maravillosa profesión me llevo a conocer grandes invernaderos en donde, de manera vertical, nacen de manera masiva, controlada e industrializada los tomates. Quedé impresionado.

Recorrer las calles citadinas también tiene su encanto y sus aprendizajes. Recuerdo, en una ocasión, haber caminado junto a uno de mis clientes, por colonias del municipio de Escobedo, Nuevo León, hacia donde los nuevos asentamientos del área metropolitana se van extendiendo y donde va llegando gente de otros estados e incluso se han asentado colonias de indocumentados de Haití —por citar tan solo un país—, quienes en su intento de búsqueda del sueño americano, encontraron una oportunidad y han adoptado estas zonas como su nueva nación.

Ver y palpar el mundo de las subculturas en los distintos estados en los que me ha tocado trabajar es maravilloso. Les comparto que recorrer los cuadrantes de la colonia independencia, e incluso sus escaleras, como le llaman los lugareños, me permitió conocer cómo trafican las mercancías, cómo acceden a sus casas, cómo juegan, qué música escuchan, cómo bailan, cómo cuidan a sus mujeres y que allá arriba, el matriarcado es muy poderoso y se respeta. Arriba uno se encuentra de todo, sin importar la dificultad para arribar. No falta nada; son comerciantes natos, aunque he de reconocer que hay lugares en los que uno no debe ni ver ni escuchar, y mucho menos platicar. Hay ocasiones en las que te sientes en peligro, pero la misma gente aprecia y reconoce a la gente que va a trabajar. El calor es impresionante, por lo que ver a gente sin camisa y echando caguama desde muy temprana hora del día es muy habitual, y si te llegan a ofrecer un trago sería descortés no aceptar. Muchas de las veces es así como uno se va ganando la confianza y la protección de los vecinos.

Como consultores políticos, independientemente del área en la que nos desarrollamos, tenemos un gran compromiso con nuestra sociedad. Muchas veces en nuestras manos está el futuro de una ley, de un municipio, de un estado, o de un país, por lo que tenemos que tomar con mucha responsabilidad nuestro ejercicio. Por su puesto que nuestro trabajo en muchas ocasiones es ganar a toda costa una elección, para que nuestro cliente ocupe ese puesto. Tenemos en nuestras manos el anhelo y probablemente el proyecto de vida de una persona por ocupar un puesto de poder, cosa que no nos exime de no saber decir que no, cuando veamos que un proyecto no tiene buena cara.

Felicito a mis compañeros y colegas que hacen posible este gran proyecto de compartir experiencias, esas que hacen de nuestra actividad una que amamos y que ejercemos con pasión. La reflexión final es que todos nosotros tenemos la manera de influir con nuestros clientes, para juntos y en equipo generar una mejor sociedad en donde todos podemos vivir en libertad.

LO MÁS NUEVO EN LA POLÍTICA: HUMOR SOCIAL PARA CREACIÓN DE COPYS Y DISCURSOS

Por: Luis Enrique Monterroso [3]

El 3 de julio de 2022, la Selección de Guatemala eliminó a México y clasificó a la Copa Mundial Sub-20 de la FIFA Indonesia 2023. Jugaron de ensueño los patojos —así se les llama a los jóvenes en Guatemala: patojos—. La tanda de penales desfavoreció a la tricolor mexicana, que se enfrentó a un héroe nacional, el guardameta Jorge Moreno. Los guatemaltecos exultaban alegría. Tanto el portero Moreno como el delantero Arquímedes Ordoñez eran los protagonistas del partidazo. La selección juvenil de Guatemala había levantado pocas expectativas a nivel local, perdió por goleada 5-1 su primer juego ante El Salvador y todo parecía derrumbarse. Pero, pero, pero, el grupo demostró carácter y entereza para reponerse y pudo hacer historia. Será el segundo Mundial Sub-20 al que asista Guatemala.

El humor social de un país entero está en alto. No quieren saber de política, no quieren saber los problemas cotidianos; sólo quieren saber de fútbol. Esto ¿qué tiene que ver con las

---

[3] Ganador del premio a la mejor investigación en campaña electoral 2022. Asociación Latinoamericana de Consultores ALACOP

campañas electorales? Todo, lea bien, *todo*; buen consultor político debe saber entender el humor social del momento que atraviesa la campaña. En Navidad el humor social de la población no es el mismo que en Semana Santa; no es lo mismo si el país fue destruido por un terremoto o se padece una guerra civil. El humor social debe guiar el discurso en la tarima o en el barrio. El humor social debe guiar los *copys*, los contenidos y la estrategia.

Pero, ¿qué es esa vaina de humor social?

Para Oscar Picardo, en una de sus publicaciones en la Revista Disruptiva: periodismo, ciencia y tecnología con número ISSN | 2706-5421, "…El Humor social se puede definir como el estado de ánimo de una comunidad o sociedad; en función de esta circunstancia, se percibe, procesa e interpreta la realidad y la información, y afecta las decisiones que se toman en cuanto aceptación o rechazo de la comunicación, el modo de vivir y las aspiraciones. Tiende a influir significativamente en las opiniones, actitudes, posturas de fenómenos, instituciones y personajes".

Okey, okey, okey, y ¿cómo lo convierto en *copys* y contenido de valor?

Tu éxito al escribir un buen *copy* o discurso, está directamente ligado a tu capacidad de poder encontrar buenas ideas. Entender el humor social te dará eso justamente; ideas apropiadas por la ciudadanía.

En este espacio brindado por mis hermanos y hermanas *aicodianas*, acuñaremos el concepto de HSP: "Humor Social Político", que se refiere a la capacidad de los políticos y sus equipos de campaña, para interpretar y comprender el estado de ánimo de una comunidad o sociedad, en relación a la realidad política y social en la que se encuentra. Este concepto implica la utilización del humor como herramienta para establecer conexiones emocionales y difundir ideas y mensajes políticos que puedan influir en las decisiones que toman los votantes. Entonces, el Humor Social Político (HSP) implica la capacidad de los políticos para entender las percepciones y expectativas de la sociedad a través de la conciencia colectiva.

La utilización del humor social puede servir para abordar temas complejos de manera accesible y para humanizar al candidato político, mostrando su lado más cercano y empático con la sociedad.

El Humor Social Político también puede ser utilizado para persuadir a los votantes a participar en las elecciones y en acciones políticas, además, los políticos y sus equipos de campaña pueden aprovechar el humor para persuadir a los votantes para que apoyen sus ideas y propuestas, ya que el humor puede influir en las opiniones y actitudes de las personas. Sin embargo, el Humor Social Político debe ser utilizado con cuidado para evitar posibles consecuencias negativas, como ofender o alienar a ciertos grupos de votantes. Los políticos y sus equipos de campaña deben tener en cuenta que el humor social no siempre funciona para todos los candidatos políticos y que el uso del humor debe estar en línea con la personalidad y las propuestas políticas del candidato; sus arquetipos.

Experiencia permanente: En el caso de la selección de Guatemala, tenía un cliente particular, con arquetipo Sabio, es decir, alguien con mucha experiencia y conocimiento, visto o percibido como serio; un erudito respetado.

Iniciar carga de contenidos futbolísticos fue visto con malos ojos por el resto del equipo estratégico —el cual pensaba que se perdería el electorado más tradicional—, pero el resultado fue bueno; permitió abrir espacio a nuevos públicos y los momentos aprovechados para hacer carga de contenido futbolero implicaron crecimiento en la preferencia de un estrato popular.

Entender el humor social es primordial.

Hay dos momentos en los que puedes aprovechar estudios de humor social: primero, para encajar con el *timing*. Hay temas que por la cultura de ciertos conglomerados están de boca en boca, cosas que están en la mente de todos pero subyacen en la subsconciencia colectiva. El *timing* permite estar vinculados al momento actual. El segundo momento en que se puede aprovechar la lectura del humor social es en la definición de ideas. Una idea provoca sólo una emoción, una. Una idea que sólo tiene un beneficio principal y es una idea que lleva a un sólo llamamiento de acción en definitiva. Todo el *copy* debe estar ligado a una sola idea.

El concepto de Humor Social Político es una herramienta efectiva para la comunicación y la persuasión política en las campañas electorales y discursos políticos. El uso del humor social puede crear una conexión emocional con el electorado y puede ser utilizado para difundir ideas y mensajes políticos de una manera accesible y entretenida.

La evolución del humor en las campañas electorales

El humor ha sido utilizado en las campañas electorales durante mucho tiempo, sin embargo, ha evolucionado con el tiempo y se ha adaptado a los cambios en la sociedad y la tecnología. Antes de la era digital, los políticos y sus equipos de campaña utilizaban el humor a través de la televisión y la radio para llegar a una audiencia masiva. Los anuncios políticos de televisión eran particularmente populares y, a menudo, aparecían elementos humorísticos para hacerlos más atractivos y memorables. Con la llegada de Internet y las redes sociales, el humor ha adquirido una nueva dimensión en las campañas electorales; las redes sociales son ahora una parte integral de la estrategia de comunicación política, y los políticos y sus equipos de campaña han aprendido a utilizar el humor para llegar a una audiencia más amplia y joven.

Los "memes" políticos, los videos virales y los *hashtags* se han convertido en herramientas comunes para difundir el humor social y las ideas políticas.

Para mi caso particular, utilizo una herramienta de comparación de métricas digitales. Esta herramienta fue creada para hacer *benchmarking* empresarial, pero a partir de una configuración específica, permite inyectar la Agenda Setting y pasarla por análisis de *big data*, hasta entregar cada diez minutos la lectura del humor social. La interpretación de ese resultado, que surge de algoritmos y estadística, ya es cosa aparte; digamos que es la especialidad de la casa. La herramienta digital entrega ideas, pero el consultor, las convierte en impacto e incidencia; es decir, en estrategia y tácticas.

Efectividad del humor en las campañas electorales

El humor social puede ser muy efectivo en las campañas electorales. Los estudios han demostrado que los anuncios políticos que incluyen elementos conectores son más memorables y atractivos para el público. Otro factor valioso en esta conexión del humor social es la parte lúdica, que puede ser utilizada como una herramienta para la persuasión política, ya que puede influir en las opiniones y actitudes de las personas.

Por ejemplo, un estudio o análisis realizado en las elecciones presidenciales de Estados Unidos en 2012, encontró que los votantes que vieron algún anuncio político —*spots*— que presentaba elementos humorísticos, eran más proclives a tener una opinión positiva del candidato o candidata que los votantes que vieron un anuncio político sin elementos humorísticos. Otro estudio realizado en las elecciones presidenciales de Estados Unidos en 2016 encontró que los votantes que vieron memes políticos que cuestionaban la legitimidad de las elecciones eran más propensos a creer que las elecciones estaban amañadas.

Así, el humor social puede ser utilizado tanto para beneficio como para perjuicio de los candidatos políticos. Un chiste que puede parecer inofensivo en un contexto, puede ser considerado ofensivo en otro: los políticos y sus equipos de campaña deben tener cuidado al utilizar el humor social para no alienar a ciertos grupos de votantes.

El humor social y la participación política

El humor social también puede influir en la participación política de la sociedad. Los estudios han demostrado que el humor puede ser utilizado para persuadir a los votantes a participar en las elecciones o en acciones políticas. Por ejemplo, en las elecciones presidenciales de Estados Unidos en 2016, el *hashtag #Grab Your Wallet* se hizo viral en las redes sociales, luego de que el presidente Trump fuera grabado haciendo comentarios despectivos hacia las mujeres. El *hashtag* animó a los y las votantes a boicotear a las empresas que hacían negocios con la familia Trump: el humor y el ingenio utilizado en el *hashtag*, crearon una comunidad de votantes que se sintieron motivados a actuar políticamente en respuesta al comentario despectivo.

Por otra parte, el humor social también puede ser utilizado para humanizar a los candidatos o candidatas políticas. Los votantes a menudo perciben a los personajes políticos como personas distantes y desconectadas del electorado. El uso de las anécdotas, noticias, o frases populares que se están viviendo en tiempo real, puede ayudar a los votantes a ver a los políticos como personas de carne y hueso, con sentimientos y emociones.

El humor social político se alimenta de la Agenda Setting

La Agenda Setting es una teoría de la comunicación que sostiene que los medios de comunicación tienen el poder de establecer la agenda pública al seleccionar y resaltar ciertos temas y problemas por encima de otros. En el ámbito político, la Agenda Setting puede influir en la percepción de los votantes sobre los temas y problemas que son importantes en una elección, así como en la imagen de los candidatos y las propuestas que presentan.

En las campañas electorales, los candidatos y sus equipos de campaña pueden utilizar la Agenda Setting para influir en la agenda pública y en la percepción de los votantes. Esto implica que los candidatos deben trabajar para tener una presencia significativa en los medios de comunicación y asegurarse de que su mensaje se transmita de manera efectiva; de ahí que en este artículo se mencione que el imaginario colectivo es receptivo a lo que dicen los medios de comunicación. Además, los medios de comunicación pueden influir en la percepción de los votantes sobre los temas y problemas importantes en una elección. Por ejemplo, si un medio de comunicación destaca un tema específico en repetidas ocasiones, los votantes pueden comenzar a ver ese tema como más importante que otros que no se destacan tanto en los medios.

La Agenda Setting también puede influir en la imagen de los candidatos y las propuestas que presentan. Si los medios de comunicación destacan los errores o problemas de un candidato, la imagen pública de este, puede verse afectada de manera negativa. Por otro lado, si los medios de comunicación destacan los logros y las propuestas de un candidato, su imagen pública puede verse favorecida.

En resumen, la Agenda Setting puede influir en establecer la política, la agenda pública, y la percepción de los votantes sobre los temas y problemas importantes en una elección, así como la imagen y propuestas de los candidatos.

Los candidatos y sus equipos de campaña deben trabajar para asegurarse de tener una presencia significativa en los medios de comunicación y transmitir su mensaje de manera efectiva para influir en la Agenda Setting. El 3 de julio de 2022, la Selección de Guatemala eliminó a México y los candidatos que supieron leer el humor social lo aprovecharon al máximo.

CÓMO INICIAR EN LA COMUNICACIÓN POLÍTICA Y NO MORIR EN EL INTENTO

Por: Gladys Pérez

La profesionalización de la consultoría y la comunicación política ha tenido un auge importante en años recientes. Esto quiere decir que cada vez más personas estudian, se capacitan y adquieren herramientas de vanguardia para poder aplicarlas de manera profesional en el ámbito político: campañas electorales y sector público. Pero hay una situación que no deberíamos dar por sentada y es la inmensa dificultad que tiene la mayoría de las personas que se preparan para adentrarse a trabajar al ámbito político.

Desde Canvas —escuela de comunicación política— lo hemos visto constantemente; jóvenes que buscan adentrarse al mundo de la comunicación y la consultoría política, pero que a los meses terminan por "tirar la toalla", regresando a laborar en su negocio familiar o en algún otro negocio que les brinda una cierta estabilidad económica, que en muchos sentidos el ámbito político no brinda, sobre todo cuando se trabaja fuera de la nómina de los gobiernos o instituciones públicas, como un profesional que brinda servicios de manera externa, o como un consultor político o alguna agencia que brinde servicios a políticos. Entonces, muchas personas apasionadas por la política, la comunicación y las ciencias sociales, se topan con pared al momento de tratar de adentrarse al gremio de la comunicación política. ¿Y por qué ocurre esto?

Bueno, primero, porque la política sigue siendo sumamente hermética. La toma de decisiones continúa recayendo mayormente en hombres con poder de excluir e incluir a quienes consideren benéficos para sus proyectos e intereses. Este fenómeno definitivamente no es nuevo, ¿*war rooms* con más mujeres que hombres?, ¿quién ha visto esto?

Lo anterior nos lleva a un segundo e importante asunto: la política es un negocio de relaciones y siempre lo ha sido. Siguiendo el hilo del punto anterior y para que nos quede más claro, los tomadores de decisiones en política siguen siendo un "Club de Toby", y esto en gran medida dificulta el ingreso de nuevas caras, nuevos liderazgos y nuevos proveedores de servicios a diversos espacios políticos. Cuando hablamos de un círculo reducido de poder donde las relaciones pesan mucho, entonces entendemos que en este ámbito, el *networking* es más que obligado; es una cuestión de supervivencia política. Y aquí es donde inician mis anécdotas.

Pensé que para fines de este anecdotario político, sería muy valioso compartir mis inicios en el mundo de la comunicación política como una mujer, politóloga, joven, viviendo en México y que recién venía llegando de estudiar un máster en Asesoramiento de Imagen y Consultoría Política en España. En esa época en realidad yo trabajaba en el Gobierno del Estado de Jalisco y de manera intermitente, junto con mi pareja, llevamos a cabo algunos proyectos conjuntos que nos dieron poco a poco entrada a la política local en Jalisco y luego de algunos años de persistir, al gremio internacional. ¿Cómo sucedió esto en mi caso? Les cuento.

Primeros pasos

Primero, el haber tomado programas de estudio y formación en comunicación política, así como dotarme de nuevos conocimientos, me sirvió para relacionarme con personas de distintos países, que luego de los años, han resultado ser colegas y clientes. Los programas académicos, foros profesionales, cumbres y demás espacios donde hay otras personas profesionalizándose en tus mismas áreas de interés, siempre van a representar un área importante de oportunidad para hacer negocios.

Luego de mi regreso a México, mi esposo y yo llevamos a cabo con el aval de quien fuera uno de nuestros profesores y hoy un gran amigo, Xavier Peytibi, los primeros Beers and Politics en la ciudad de Guadalajara, un espacio interesantísimo de tertulias políticas que conocimos en España y que se lleva a cabo en múltiples ciudades del mundo. El formato resultó tan atractivo y su éxito fue tal, que nos abrió las puertas para relacionarnos con múltiples políticas y políticos de mi estado: secretarios de gobierno, diputados, regidores, jóvenes y presidentes de todos los partidos políticos, periodistas, etc. Incluso, debido al éxito de este formato fue que más adelante se me invitó a participar con mi programa de radio en Canal 7 del Sistema Jalisciense de Radio y Televisión, y, posteriormente en diversos foros y espacios de análisis político en noticieros y otros programas de televisión, así como en espacios en prensa escrita.

¿Fue sencillo? Por supuesto que no. Llevar a cabo mensualmente el formato de estas tertulias requería compromiso, logística, organización, armar un equipo, buscar invitados, tocar puertas. Pero la perseverancia nos hizo hacer cada uno de estos foros un éxito total que fue reconocido por el círculo político de nuestro estado.

Posteriormente, participé en unos premios internacionales llamados *Napolitan Victory Awards*, con sede en Washington D.C, que reconocen la excelencia en la consultoría y la comunicación política. La primera ocasión en la que postulé en una categoría, fue en la de "Blog Político", misma que obtuvo el reconocimiento y me implicó viajar a D.C. para recibirlo. Esta fue mi entrada al escenario internacional y a seguir relacionándome con otros profesionales de la comunicación política de diversos países —lo que muchos buscan hoy en día—. Pero ese ticket no fue el premio en sí, sino que hice una profunda labor de promoción del mismo en diversos medios que replicaron la nota —"Tapatía, fue premiada en Washington D.C."—, lo que me dio bastante proyección en el medio. Milenio, Mural y El Informador, que son los medios de mayor alcance y circulación en mi estado y el bajío, replicaron estas notas, que a su vez hicieron eco en los premios. En un escenario internacional es importante trabajar una marca personal y un nombre, así que este había sido mi primer paso.

Lo que les contaré a continuación fue, por mucho, el punto de inflexión que me impulsó a seguir adelante en la profesión en la que me especialicé. Dejé un trabajo que no me permitía crecer, ni apostarle al cien por ciento a mis nuevos intereses, ni ejercer mis nuevos conocimientos y experiencias, así que salí de la gestión pública para aventurarme a la trabajar en estrategia política digital para campañas, desde la agencia Facultad —fundada por Andrés Elías, mi esposo, fundador de AICODI y uno de los estrategas digitales más reconocidos de América Latina—. Sin embargo, esta aventura de trabajar juntos no duró ni 3 meses. Muchas y muchos de ustedes se imaginarán los múltiples retos que conlleva vivir y trabajar con sus parejas, pero además quien nos conoce a nosotros, sabe que tenemos estilos de liderazgo casi opuestos, por lo que nos era muy difícil tomar decisiones, estar en la misma página y gestionar equipos ni se diga.

Por ello, más temprano que tarde, tomé la decisión de retomar y reestructurar un proyecto muy interesante que inició mi esposo, con el objetivo de captar clientes para su agencia de comunicación política digital: Canvas Ads School. En sus inicios, Canvas comenzó como un espacio de capacitaciones, desde el cual Andrés promovía su marca personal y se abría puertas para brindar formación de manera presencial en diversos países de América Latina. Esto le servía para promover sus servicios y por su puesto para atraer clientes. Sin embargo, una vez que tenía clientes en su agencia, Canvas quedaba inoperante durante tiempos prolongados, y fue ahí donde vi una oportunidad de tomar y hacer de Canvas una escuela digital y de tiempo completo. Recordemos que yo en realidad no tenía un trabajo estable, ya no era servidora pública y no me quedaba de otra más que hacer un emprendimiento personal o buscar otro empleo; y me fui a lo primero. "Quemé mis barcos" al no tener una alternativa laboral estable a la cual regresar y no tuve otra opción más que impulsar adelante este nuevo proyecto.

Para quienes no lo sepan, Canvas Ads School hoy es una escuela online especializada en marketing, comunicación y consultoría política, que busca formar a expertos que logren llevar a cabo procesos electorales exitosos y una comunicación de gobierno eficiente. Hoy la escuela tiene más de cinco años de experiencia, más de ocho mil egresados, ha capacitado a más de dieciocho partidos políticos y tiene un posicionamiento muy importante en América Latina, pero, al inicio era un proyecto en ceros en todos los sentidos; cero presupuesto, cero programas y cero planeación a mediano y largo plazo.

Una de las anécdotas más interesantes de Canvas, es que inició antes de que Zoom fuera una plataforma conocida mundialmente. Esta plataforma de video llamadas que hoy todos dominamos y que tuvo su auge durante la pandemia, no se utilizaba para efectos de educación en línea, de hecho, yo comencé la escuela invirtiendo parte de mis ahorros en una plataforma española llamada ClickMeeting, que me cobraba diez veces más que lo que hoy cuesta el plan premium de Zoom al año. Sin embargo, mi visión fue siempre la digitalización y la democratización de la educación —es decir, hacer accesible la formación en materia de comunicación política para todas las personas—.

Cuando llegue a la Dirección de Canvas tomé diversas medidas relevantes para la administración de la empresa, comenzando por constituirla formalmente y elaborar diversos planes de estudio que contaran con profesores de distintos países, para que así, la marca no dependiera únicamente de la imagen de mi esposo, sino que fuera una plataforma diversa en perfiles y especializaciones, que pudiera nutrir de una manera más integral nuestros programas de estudios. De hecho, uno de los primeros programas que lancé fue el diplomado AICODI, un programa especializado en comunicación y estrategia digital, en el cual participaron múltiples miembros de nuestra asociación y a quienes siempre les voy a tener un cariño y agradecimiento muy especial por ayudarme a dar los primeros pasos del gran proyecto que hoy es Canvas.

Muy al margen de los inicios de la escuela, y hasta el momento algo que podría reflexionar con ustedes, es la importancia de creer en sus capacidades, en sus conocimientos y de hacer todo lo posible para que sus objetivos sucedan. Porque quizás si yo hubiera tenido la cómoda alternativa de volver a trabajar en gobierno o incorporarme a un negocio familiar durante los primeros tropiezos, retos y situaciones difíciles, no habría continuado con Canvas Ads School. Por eso la famosa frase de "quemar los barcos" recobra un sentido tan especial para los emprendedores, porque, sin barcos, no hay retorno y sólo queda el camino hacia adelante. Así las cosas, salen porque salen.

Persistencia, resistencia y un plan

La RAE define la palabra "persistir" como la acción de mantenerse firme o constante en algo. Para mí esa es la clave del éxito en un mundo líquido —aludiendo a Bauman—, donde el flujo informativo no se detiene, donde las relaciones duran poco y donde la cultura del esfuerzo pareciera haberse agotado en muchos sentidos, un mundo donde la tecnología avanza a pasos acelerados y los modelos de comunicación digital llegaron a cambiar la forma en la que consumimos información y en la que nos comunicamos —memes, TikToks, reels, etc.—, y pareciera que todo pasa tan de prisa, que ni tiempo nos da de asimilarlo.

Entonces, ¿qué de este frenesí nos ayuda a ser persistentes y enfocados?, ¿qué nos motiva a permanecer en una relación o en un trabajo?, ¿qué nos mantiene motivados y enfocados en objetivos específicos? La realidad es que si no detenemos este tren, que pareciera viene a toda velocidad, y nos sentamos a reflexionar unos minutos sobre estas preguntas tan importantes, entonces nos absorbe la dinámica, nos abruma y perdemos nuestro propósito. Por eso para mí hoy ver a una persona que sabe lo que quiere, cuándo lo quiere y que cuenta con un plan para alcanzar sus metas, me parece fascinante. Es por ello que quiero desarrollar diez consejos muy prácticos para todas aquellas personas que desean ejercer la profesión de estratega o comunicador político, y que recién comienzan a trazar su camino, porque en realidad no es sencillo y es muy fácil perder el enfoque:

Hay 3 pilares para ser un profesional de excelencia:

1. Necesitas formarte, tener buenas bases académicas. En el gremio de la consultoría política muchas personas tienen diversos posgrados, maestrías y doctorados. Formarse es fundamental porque asienta las bases del conocimiento y el método profesional con el que vas a desempeñar tu trabajo. Por lo tanto, para ser un profesional de excelencia, debes tener una formación permanente y desarrollar un hábito por la lectura. La política requiere de personas con las herramientas y conocimientos más actualizados para afrontar los enormes retos que se viven en la actualidad.

2. Adquiere años de experiencia. Los años que acumules ejerciendo el rol que buscas desempeñar son muy importantes y sirven para adquirir experiencia. Por lo tanto, requieres tocar puertas para entrenarte de la

mano de alguien más experimentado. Llámalo mentor, patrón laboral, colega o aliado, pero necesitas que alguien consolidado te muestre cómo funcionan las cosas en la práctica. De esta manera vas nutriendo tu currículum y sumando relaciones en el medio.

3. La cantidad de clientes sustenta tu prestigio. Esto quiere decir que, con los años de experiencia y tu formación profesional, irás concretando una cartera de clientes, lo que te legitimará ante futuras oportunidades de empleo. Es importante que sepas que si aspiras a ser un profesional de comunicación y la consultoría política, que provea servicios a candidatos o gobiernos, lo que te dará más credibilidad ante tu cliente es tu experiencia en la práctica con otros políticos.

Estas tres bases o fundamentos son indispensables para tu desarrollo en esta profesión. No dejes por ningún motivo alguna descuidada, ya que estos serán los cimientos de tu crecimiento y desarrollo profesional.

Otro factor sumamente importante tiene que ver con tu carácter, y aquí retomo una de las lecciones más valiosas que me dio un maestro en la universidad, que a su vez escuchó de un profesor de Harvard: *En la política hay que ser como elefantes. Necesitamos orejas grandes para escuchar a la gente, una buena memoria para no olvidar nuestros compromisos, boca pequeña para no hablar más de lo necesario, piel gruesa para afrontar las peores adversidades, pies grandes y pesados para no perder el piso, pero sobre todo, amigos, una cola corta que nos pisen.* La realidad es que la política no es para todos. Es un ambiente muy hostil, muy competitivo y de lucha por el poder, y quien busque entrar en este ámbito debe saber que no es un día de campo. ¿Somos elefantes? Es muy importante planteárnoslo.

Reiterando lo que mencionamos anteriormente en este espacio, las relaciones son fundamentales, pero, ¿cómo conseguirlas? Bueno, aquí algunas ideas: en universidades e instituciones especializadas en programas políticos y de comunicación, en foros como cumbres y congresos orientados a temas políticos, en asociaciones como AICODI, que te permitan tener un acercamiento con otras y otros colegas de distintos países, en premios como los Reed Latino, acudiendo a foros de análisis o *Think Tanks* donde puedas participar y conocer a otras personas que se desempeñan en este gremio; oportunidades hay muchas, pero hay que enfocarse y salir a buscarlas.

El siguiente aspecto importante, es saber que la política está llena de negativas y puertas que se cierran. Esto se debe a que, en realidad, no ha dejado de ser un ámbito hermético donde sólo unas pocas personas son las verdaderas tomadoras de decisiones, como mencioné líneas atrás. Así que, aquí está la verdadera importancia de la persistencia y de la creatividad para ser recursivos. Todo puede llevarse a cabo siempre y cuando haya un plan bien definido, con metas y objetivos trazados, y si no sucede de una forma, hay que tener un plan B y un plan C. La realidad es que nada es imposible, sólo hay personas que no persisten en una profesión que no es una carrera de velocidad sino de resistencia.

Un paso estratégico en tu camino es la especialización. Quien no se especializa, pasa desapercibido, esa es una realidad. Hoy, un consultor en Comunicación Política es uno de miles, por lo que es imperativo que encuentres el área específica en la que buscas destacarte, por ejemplo: consultoría en imagen y reputación digital, coach en oratoria y *media training*, estratega político digital, asesor en ciberseguridad para gobiernos y campañas, analista de datos y encuestador, etc. Sin especialización no hay diferenciación y sin diferenciación no hay posicionamiento.

Define tu oferta de valor, ¿qué te hace único y especial?, ¿qué tienes tú, que no tienen otros en tu campo? Por ejemplo, en Canvas tenemos clarísimas nuestras principales ofertas de valor: Somos una escuela de especializaciones de la comunicación política, que imparte cursos prácticos, accesibles y de corta duración, a diferencia de las universidades. Además, nuestros programas de capacitación son impartidos por estrategas y consultores políticos en el ejercicio de sus funciones —no por docentes de profesión—, lo que brinda al alumno la experiencia de recibir conocimientos de profesionales consolidados en este campo. Esto mismo debe pensar un profesional al adentrarse a un terreno altamente competitivo. ¿Qué me va a diferenciar?

Busca un mentor(a). Este camino que estás por emprender ya ha sido transitado por muchas personas antes que tú, y el hecho de que tengas el soporte u orientación de una persona que pueda brindarte de manera gratuita y desinteresada sus puntos de vista sobre tu andar en esta profesión, será oro molido, porque te va a ahorrar dolores de cabeza y te podrá ayudar a evitar cometer errores innecesarios.

Trabaja en tu marca personal. Es de suma importancia que consideres que, así como un estratega o consultor busca posicionar a sus clientes, tú también debes buscar posicionarte a ti mismo(a) en este medio, y para ello debes tener un plan, con fases, tiempos de implementación, canales de comunicación, indicadores de rendimiento, etc. Recuerda que la improvisación no funciona porque es muy fácil perder de vista el objetivo, y con ello el impacto y el éxito de tus acciones.

Espero que las anécdotas compartidas, así como este decálogo de *tips,* sirvan para todas aquellas personas que estén dando sus primeros pasos en la comunicación y la consultoría política. No me queda duda de que la profesionalización de la consultoría política, es una de las claves más importantes para elevar el nivel y la calidad de la política y las democracias en América Latina.

EL EQUIPO IDEAL DE LA CAMPAÑA DEL CICLISTA ROJO

Por: Aureola del Sol Castillo

Introducción

Las historias que se tejen en las entrañas de la consultoría política van más allá de lo que se pudiera imaginar. Es cierto que, como en toda historia, se entrelazan un sinfín de anécdotas que muchas veces se omiten en el relato de la campaña porque, evidentemente, lo más importante es enfocar los esfuerzos en los procesos políticos en los que se participa, para lograr el éxito de estos.

Sin embargo, el sinfín de anécdotas puede traducirse en lecciones importantes, muchas de las cuales sientan sus bases sobre lo que se califica como un fracaso cuando se pierde una campaña electoral o cuando no se gestiona de manera adecuada una crisis, sin darnos cuenta de que ese llamado fracaso nos da las más grandes e importantes lecciones. Son precisamente esas lecciones, las que resultan interesante abordar para reflexionar sobre cómo algunas situaciones lograron solventarse, y qué herramientas pueden utilizarse para mejorar la organización de los procesos políticos, que muchas veces se ven envueltos en la dinámica e inercia del día a día.

Dada la confidencialidad de la mayoría de los proyectos políticos, y con el fin de evitar suspicacias, estas anécdotas serán reseñadas omitiendo la identidad de sus protagonistas y modificando ciertos detalles. Este texto tiene la intención de generar reflexiones y contribuir a que otros profesionales eviten y anticipen errores, y jamás pierdan de vista que en un proyecto político se tiene una meta clara, y hay que trabajar en equipo para llegar a ella.

La consultoría política se encuentra en franco crecimiento porque de manera paulatina se ha ido entendiendo la importancia de contar con profesionales para la gestión de los diversos proyectos, ya sea gubernamentales, de posicionamiento o de campañas electorales.

El entretejido de este telar de anécdotas nos puede dar para mucho, y el fin último que se pretende a través de este, es generar la conciencia de impulsar mejores prácticas profesionales, de apelar a códigos de ética y de tener claro que hay que mantener una mente de eterno aprendiz, de mejora continua y de que además *quien ejerce la consultoría, nunca es protagonista.*

El equipo de ciclista rojo

El mejor equipo es el que ejecuta cada acción que se establece. Si pensamos en una metáfora, pudiera ser el que funciona como una orquesta perfecta, donde cada músico toca el instrumento y entra en acción cada vez que el o la directora se lo indica; una orquesta suena bien cuando están todos en armonía. Justamente, también en la consultoría política debe buscarse que en el equipo haya armonía. ¿Cómo se puede lograr la armonía en el equipo de un proyecto político? Sin duda, para poder estar inmerso en alguna área del ambiente político, se requiere contar con habilidades distintas a las que tradicionalmente se necesitan; habilidades que permitan mantener la templanza, la cabeza fría y el tacto para tomar decisiones que contribuyan al éxito y la consecución de las metas.

En un equipo político se requiere de un liderazgo que pueda guiar de la mejor manera a sus integrantes, independientemente del rol que tenga, ya sea gerente de campaña, estratega, director, etc. De acuerdo con Daniel Goleman, el liderazgo implica que haya una persona líder, que pueda influir y motivar. Es por eso que en los estudios de liderazgo se hace énfasis en la capacidad de persuasión e influencia. A la suma de estos rasgos se les llama carisma.

Bajo esta óptica, a continuación se hará referencia a cómo un episodio entre un equipo dispar, puso en jaque la estabilidad de una campaña. Estos hechos ocurrieron en un lugar al que denominaremos "Florilandia", en donde se desarrollaba una campaña electoral para la gobernación del lugar.

En la carrera por el cargo había tres aspirantes, a quienes llamaremos "la princesa azul", "el águila naranja" y "el ciclista rojo", personajes que se inmiscuyeron en la campaña más competida del momento de Florilandia, y en la que no se tenía certeza plena del resultado, ya que se dispuso de una gran estructura para tratar de que la princesa azul llegase al anhelado castillo para dar continuidad a su partido. Sin embargo, ni el águila naranja, ni el ciclista rojo estaban dispuestos a dejarse vencer así como así.

En esta historia daremos cuenta del equipo del ciclista rojo, caracterizado por la diversidad de nacionalidades, juventud y poca experiencia en procesos de este tipo, aunque con muchas ganas de aprender, y con ilusión de ser parte de una campaña con un enorme desafío, para el cual se tendrían que valer de una estrategia que fuese capaz de remontar a la princesa azul, la favorita y líder en las proyecciones para gobernar Florilandia.

La integración del equipo, al cual nos referiremos como "los dreamers", estuvo llena de atropellos, de conflictos en la adaptación y de una realidad muy distinta a la que varios de sus integrantes esperaban, pues ignoraban el nivel de exigencia y compromiso que debe entregarse a una carrera en la que el tiempo es muy importante. Asimismo, tuvieron que afrontar de golpe el hecho de que en una campaña se compaginan diversas personalidades, entre ellas la de líderes de otros equipos que no están dispuestos a "enseñar" cierta metodología o acción, porque dan por sentado que todos saben cómo hacerlo, y que además carecen de la empatía hacia esas personas que están abriéndose paso en la industria de la consultoría política.

A los pocos días de iniciado el proceso, en el búnker de los dreamers se notaban rostros de cansancio, pálidos, ojerosos, con desánimo y frustración como consecuencia de no cumplir muchas de las expectativas de quienes fungían roles estratégicos; había una especie de enojo general, de irritabilidad porque transcurría el día entre un carrusel de emociones que resultaban difíciles de gestionar.

Otro aspecto que se complicó, fue el cómo organizar las tareas asignadas de manera eficiente, sin que nada se olvidase, en tiempo y forma, y estableciendo las prioridades para la carrera del ciclista rojo, ya que muchas veces los criterios chocaban y mientras para alguien algo era prioritario, para la otra persona no, por lo que hubo que tomar medidas en ese sentido. Aunado a ello, uno de los equipos estratégicos de campaña, al cual llamaremos "los atletas", de manera paralela, comenzó a ejecutar acciones y productos que correspondían al otro equipo, situación que generó una tensión constante, además de poner en duda quiénes tenían la responsabilidad de implementar las tareas.

La situación más caótica fue durante el debate de aspirantes a gobernar Florilandia, ya que, aunque "los dreamers" diseñaron en tiempo y forma las acciones tácticas para esa actividad —y se hizo saber en el *war room*—, "los atletas", en el momento en el que dio inicio el debate, instruyeron al community manager a publicar sus contenidos, generando una tensión que estuvo a punto de salirse de control en una de las actividades más importantes del proceso. ¿Cómo se solucionó? Tras la indicación de quien lideraba la coordinación de la campaña, de que se usara el material de "los dreamers" y se ejecutaran las acciones que determinaron como parte de la estrategia en torno al debate. Esto fue una pequeña victoria para este equipo, tras una constante ola de situaciones que resultaban adversas y ponían en duda su labor en la campaña.

Este es el contexto general de lo que ocurría con el equipo que debía impulsar y realizar estrategias para que el ciclista rojo pudiera avanzar y contrarrestar a la princesa azul, que se mantenía entre las preferencias del electorado por ser bastante conocida, ya que tiempo atrás había sido gobernante de un condado de Florilandia, —donde enfrentaba denuncias por corrupción—.

Sin duda, la serie de circunstancias que se dieron en el equipo de "los dreamers", provocó daños, afectó el relacionamiento diario, e incrementó los niveles de estrés y la falta de foco al cien por ciento en la operación de la campaña, pues se tuvo que dedicar tiempo y energía a los problemas. Algunos pudieron ser evitados de haber tomado en cuenta aspectos como la selección de quienes se unieron al proyecto, y otros se fueron solventando sobre la marcha con el uso de algunas herramientas a las que haremos referencia en el apartado final.

¿Hizo falta un líder que mantuviera la solidez, la motivación, el control de las normas y la empatía? En definitiva, sí.

La política femenina en Florilandia

Como en muchos lugares del mundo, en Florilandia, la participación de las mujeres en la política era aún limitada. De manera paulatina se fue dando acceso al género femenino en diversos espacios, gracias, por ejemplo, a las cuotas de género. Sin embargo, aunque en el equipo del ciclista rojo había muchas mujeres y dos ocupaban roles estratégicos, quien comandaba la estrategia era un prominente consultor de otro país, con una hoja de vida que marcaba haber hecho ganar a importantes figuras políticas en muchos países y haber colaborado con un llamado *rock star* de la política, de nombre "GG". Con ese tipo de credenciales no había quien dudara de su labor y mantuvo un grupo cerrado con la gerente de campaña y la familia del ciclista rojo; algo importante cuando se trata de ganar la confianza y mantener la comunicación en primera línea con piezas claves del proceso electoral.

La anécdota que se presentará a continuación es una referencia a lo que ocurre día a día en las entrañas de la consultoría, porque si bien es cierto que cada vez hay más mujeres, que son más visibles y que son más las que realizan las tareas de implementación de las acciones comunicacionales, las áreas directivas son dominadas por los hombres. En los war rooms y mesas de toma de decisiones, quien toma el control es la figura masculina. Hay a quienes les disgusta ver mujeres en esos espacios y existen anécdotas de consultoras que han sido maltratadas, ignoradas, e incluso a quienes se les ha pedido que su trabajo sea presentado por un hombre, tal y como ocurrió en la campaña del ciclista rojo en Florilandia.

Además de la serie de dificultades que se presentaron en el día a día de la campaña, se generó una resistencia por parte del estratega hacia las mujeres, lo cual fue tornando difícil la convivencia, el bajar líneas y la ejecución de las mismas. Para poder entender lo que ocurrió, pondremos en contexto uno de los tantos episodios de esta historia: durante un *war room,* en los preparativos para el arranque de la campaña se revisaban los protocolos de implementación y acción del día a día, de quiénes serían responsables de diversas tareas, de la ruta para aprobación de documentos, entre otras cosas, cuando llegó el turno de tratar quién daría el *check* final del *planner* de contenidos. Para quien tiene experiencia en campañas, la realización de un *planner* y su aprobación, es algo normal y no tendría por qué representar un tema de crisis, sin embargo, en este caso lo fue, porque quien dirigía la estrategia permitió la intromisión de actores del círculo familiar del ciclista rojo en la toma de decisiones.

En el desarrollo de este *war room,* ante la pregunta de quién sería el filtro final para la aprobación de los contenidos —teniendo en cuenta el antecedente de que aun cuando el estratega había dado el *check*, además de pasar por otro filtro y una vez que llegaba al círculo de la familia, por petición de ellos se hacían cambios—, la respuesta fue: "La última palabra la tendrá la familia, para irnos a la segura". La responsable del equipo de los dreamers, del área digital, quedó impactada ante esa respuesta, por lo que refutó dicha decisión y argumentó que no se tendría una visión objetiva ni profesional, además de que se incumplirían las directrices de la presidencia nacional del partido del ciclista rojo. "¿Entonces tú le dirás al comité nacional que hay que esperar la decisión de la familia?", fue el cuestionamiento de la consultora, lo cual enojó al estrega, quien señaló que eso había sido grosero y que por ser mujer no "respondía como se debía". Horas después se comunicó vía telefónica con ella para pedirle que realizara el reporte digital, pero para que fuese presentado por un integrante del equipo local; un varón.

Después de esa sesión, las relaciones entre los equipos se volvieron completamente tensas, llegando al grado de que se ocultara información vital para el desarrollo táctico de la campaña. Lo que ocurrió en la campaña de Florilandia se replica en otras campañas y muchas veces en casos más graves, en los que las consultoras son acosadas, relegadas e invisibilizadas, sólo porque hay quien se resiste o se acompleja porque una mujer esté al frente de la toma de decisiones, sin tomar en cuenta que este tipo de conflictos ponen en riesgo el éxito del proyecto político. En el artículo "La Compol tiene rostro de mujer", publicado en Campaign and Election, se hace referencia a que incluso las consultoras han tenido que guardar sus sentimientos o alguna emoción, porque eso en el mundo masculino es visto como una debilidad. Pero no debe pasarse por alto que, las mujeres son responsables en muchos casos del éxito de las campañas políticas y no siempre se visibiliza.

Las herramientas para convertir un equipo ganador

Tras el contexto abordado, seguramente se preguntarán ¿sólo fueron conflictos o encontraron alguna solución? En cada campaña política se afrontan situaciones diversas que no se encuentran en los libros de ciencia política, comunicación, u otros. La buena marcha del equipo dependerá sin duda de la habilidad, la templanza, la cabeza fría y otros atributos para tomar decisiones estratégicas y acertadas, pero ¿cómo se aprenden esas habilidades?

Por fortuna, existen muchas herramientas que suelen emplearse principalmente en el ámbito empresarial, y que funcionan a la perfección en esta disciplina, sin embargo, en la consultoría política se suele carecer de profesionales que contribuyan a esa parte vital del proceso, como Rubén Turienzo, experto en el desarrollo de mentalidad estratégica y gestión de equipos. Justamente es este profesional quien señala en su artículo "Dirección de equipos de campaña: la batuta del secreto del éxito", que un equipo cohesionado es capaz de adaptarse con mayor rapidez a las situaciones cambiantes del panorama político y aprovechar las oportunidades que se presentan.

Para afrontar las diversas situaciones que se enfrentaron en la campaña, una de las integrantes del equipo dreamers, puso en práctica las siguientes herramientas, ya que saber usarlas permite la buena marcha de un proyecto:

- Métodos MEJORA Y CAME para la mejora continua. Con MEJORA se analiza el contexto, a dónde se quiere llegar, las herramientas con las que cuento y las acciones que debo tomar, mientras que CAME permite definir qué cosas o situaciones se deben corregir, cuáles afrontar, mantener y explorar.

- Para la ayudar a la priorización de tareas, existe una herramienta sencilla denominada MoSCoW, cuyas consonantes sirven para delimitar prioridades: la M de *must* para las más urgentes e importantes; la S de *should* para las urgentes no importantes; la C de *could* para las no urgentes, pero sí importantes, y la W de *won't* para las no urgentes y sí importantes.

- Resultó vital encontrar mecanismos para la gestión de las emociones. Fue importante aprender a identificar qué emociones se sentían durante diferentes momentos de la campaña y analizar su impacto, para así poder entrar en fase de gestión y mantener la cabeza fría en la toma de decisiones, con la finalidad de evitar un caos innecesario.

Evidentemente, también existe una gran variedad de herramientas tecnológicas que contribuyen a la mejora de la organización, sin embargo, la cohesión del equipo resulta ser un gran factor para que las cosas se realicen de acuerdo a las metas y acciones dictadas para la campaña.

Conclusiones

Este documento tiene la finalidad de compartir algunas lecciones del quehacer de las campañas, que como hemos mencionado, muchas veces no se encuentran en los libros ni se enseñan en las facultades, principalmente en lo que respecta a cómo deben relacionarse los equipos, así como la importancia de contar con un auténtico líder que sepa motivar a cada integrante del equipo.

No hay fórmulas secretas y únicas. Cada campaña es diferente, cada una tiene una dinámica especial a la cual se deben adaptar los equipos, manteniendo un mismo enfoque y remando en la misma dirección.

Los puntos que se quieren dejar a la reflexión son los siguientes:

1. Una de las grandes lecciones que aquí se comparten es que, sin duda, las nuevas generaciones refrescan cualquier proceso, y su visión joven contribuye a darle un giro actual a la comunicación. Sin embargo, jamás puede integrarse un equipo con gente que recién comienza en esta profesión —con poca o nula experiencia—; debe existir forzosamente un equilibrio entre quienes tienen gran experiencia.

2. Quien tiene el rol de dirección del equipo, debe contar con características de liderazgo que cohesionen al equipo, lo motiven y mantengan la armonía.

3. Jamás se debe perder de vista que el éxito o fracaso de una campaña depende en gran medida de la consolidación del equipo, en el que cada quien debe saber lo que debe hacer, y en donde debe haber un espíritu de cooperación y todos estén enfocados.

4. Se debe aprender a no tomarse nada personal y pensar siempre en el bien común del proyecto.

5. La familia del candidato o candidata es importante y debe existir un trabajo de sensibilización para ese cír-

culo primario y así evitar que se vuelva un dolor de cabeza para la campaña.

La consultoría política está en franco crecimiento, y por fortuna la clase política ha ido entendiendo la importancia de contar con profesionales para dirigir sus campañas y proyectos de comunicación. El reto que se tiene en la industria es enorme: mejorar sus prácticas profesionales, abonar a códigos de conducta ética más estrictos y darle el valor e importancia a la gestión de los equipos. Las campañas electorales son auténticas batallas campales y de acuerdo a Turienzo, el trabajo en equipo y la dirección de campaña eficiente se han vuelto indispensables para alcanzar la victoria electoral.

P. D.: Ciclista rojo ganó la campaña para la gobernación de Florilandia

Agradecimientos: A las socias y socios de AICODI, a diversos colaboradoras, colaboradores de equipos y colegas como: María José Lozada, Itzel Goytortu, Verónica Valdivia, Laura Castellanos, Dairy Cano, Daniel Santos, Mike Silva, Jhonatan Muciño, Antonio Mijangos, Pedro Mendoza, El WAR, Miguel Valdez, Augusto Hernández, Andrés Elías, Gladys Pérez, Óscar Martínez, Nacho de Moya, Anna Laura Montiel, Rubén Turienzo y Luis Rendueles, por mencionar a algunos.

Referencias bibliográficas

Botella. 2020. ¿Cómo entrenar la mente? España. Alienta

Blog Coach Pepe Villacís. (30 de mayo de 2022). Estilos de liderazgo versión de Daniel Goleman. Recuperado de https://www.coachpepevillacis.com/blog/estilos-de-liderazgo-version-de-daniel-goleman/

Ceonline (6 de marzo de 2023). La Compol tiene rostro de mujer. Recuperado de https://www.ceonline.com.mx/post/la-compol-tiene-rostro-de-mujer

Gutiérrez- Rubí.2019. Gestionar las Emociones Políticas. España. Gedisa

La Huelva Información. (Marzo de 2019) La Motivación del equipo de campaña es crucial en la victoria. Recuperado de https://www.huelvainformacion.es/huelva/motivacion-equipo-campana-crucial-victoria_0_1338466636.html

Turienzo 2016. El Pequeño libro de la motivación. España. Alienta

Turienzo 2019. Haz que suceda. España. Alienta

HABLEMOS DE VIOLENCIA DIGITAL

Por: Ángela Ramírez

En mi experiencia como consultora digital, he recibido muchas llamadas de personas que, por alguna razón, normalmente relacionada con la dinámica de su trabajo (personas dedicadas a la política), reciben insultos, amenazas y comentarios negativos. Vaya, he leído cada comentario que va más allá de la queja contra el sistema de partidos políticos que tenemos en la actualidad…

Los famosos *haters* abundan en las redes sociales —sí, hay gente que se levanta con el firme propósito de amedrentar o molestar a los contrarios o la gente que piensa distinto a ellas—, pero, ¿qué pasa cuando la mayoría reciben ataques o insultos por su físico o por la labor a la que se dedican?, ¿realmente pasa algo?

Las opciones que las redes sociales ofrecen —ocultar, bloquear o eliminar algún contacto—resultan insuficientes cuando las personas deciden crear cuentas a diario para seguir molestando. En particular, creo que a las personas dedicadas a la política les van cerrando las opciones, entonces lo que se pensaba es un ambiente de cordialidad y solidaridad para abonar a una causa, se convierte en un nuevo canal para lastimar a otras personas.

Existen casos muy sonados de violencia digital por razón de género contra políticas, por ejemplo, el de una candidata de San Luis Potosí, víctima de violencia digital, cuyas imágenes de redes sociales fueron usadas para crear contenido sexual en Only Fans. En Quintana Roo se juzgó el caso de una candidata a diputada, que utilizó páginas de redes sociales para cometer violencia política por razón de género contra otra candidata. En Hidalgo, la candidata a gobernadora durante el proceso 2022 fue la más violentada, según el informe "Claroscuros, informe de género 2023".

Definitivamente la violencia contra las mujeres es una problemática que desgraciadamente sigue vigente en todos los ámbitos de nuestra sociedad. Las redes sociales y los sistemas de mensajerías, son canales que, si bien permiten el intercambio de ideas y la interacción, también son espacios propicios para generar violencia digital en la arena política y electoral.

Ahora bien, hablemos de violencia política digital.

Violencia de género en entornos virtuales

Las Tecnologías de la Información y la Comunicación (TIC) han generado nuevas formas de violencia contra las mujeres y las niñas por razón de género. Esto impide su empoderamiento, desarrollo y el pleno disfrute de sus derechos humanos, como la dignidad, la libertad de expresión, la protección de datos personales, el no ser objeto de injerencias en la vida privada y el acceso a la justicia. Durante la pandemia por Covid-19, la violencia digital se ha agravado, pues las mujeres y niñas necesitan utilizar dichas tecnologías con mayor frecuencia, en un contexto donde, además, existe una brecha digital de género.

¿Qué es la violencia digital?

Si bien no existe un consenso global sobre qué es la violencia digital, esta se puede definir como aquella que se comete y expande a través de medios digitales como redes sociales, correo electrónico o aplicaciones de mensajería móvil, y que causa daños a la dignidad, la integridad y/o la seguridad de las víctimas. Algunas formas de violencia digital son: monitoreo y acecho, acoso, extorsión, desprestigio, amenazas, suplantación y robo de identidad, así como abuso sexual relacionado con la tecnología, entre otras.

Las redes sociales son los espacios donde más comúnmente ocurren estas formas de violencia contra las mujeres, pero también sucede en plataformas de internet y videojuegos, en aplicaciones de teléfonos móviles, a través de correos electrónicos, y mediante mensajes de texto y/o de voz. Las personas que cometen este tipo de agresiones utilizan el anonimato que ofrecen algunas aplicaciones y plataformas, para generar perfiles o identidades falsas, aunque también es muy común que ocurra a través de perfiles reales y por medios de comunicación registrados y verificados.

En este tipo de violencias se han popularizado términos como:

Ciberbullying: También conocido como ciberacoso, se utiliza para describir cuando una persona es molestada, amenazada, acosada, humillada, avergonzada o abusada por otra persona, mediante las tecnologías digitales.

Trolear: Publicar mensajes provocativos, ofensivos o fuera de lugar en foros de internet y redes sociales, con el fin de boicotear a algo o a alguien, o entorpecer la conversación

Stalking: Comúnmente esta práctica es una conducta obsesiva, acosadora e insistente en averiguar información de una persona, a través de redes sociales (Twitter, Facebook, Instagram, TikTok, entre otras).

Grooming: Es cuando, mediante engaños y mentiras, un adulto se gana la confianza y establece algún tipo de amistad con un menor de edad a través de internet, ya sea vía redes sociales, aplicaciones de mensajería instantánea, o correo electrónico, con el fin de obtener imágenes o videos con connotación o actividad sexual.

Shaming: Es un tipo de acoso en línea, que busca avergonzar y humillar a una persona en redes sociales (Twitter, Facebook, Instagram, TikTok, entre otras).

Doxing: Otro tipo de acoso en línea, que consiste en revelar información confidencial de una persona sin su consentimiento, por ejemplo: nombre real, dirección, teléfono, datos financieros, etc. Esta práctica es utilizada para acosar, amenazar o vengarse.

Sexting: Es una práctica, principalmente entre jóvenes, que consiste en el intercambio de mensajes de contenido sexual o erótico; especialmente fotos y videos. También puede derivar en violencia digital si el contenido de los mensajes se difunde sin consentimiento.

La violencia digital se articula con la violencia machista que viven mujeres y niñas todos los días en distintos espacios, como las calles, el trabajo y sus propios hogares, es decir, no hay una separación en línea/fuera de línea, y es tan real como cualquier otra forma de violencia. Se usan nuevas plataformas en el marco del mismo sistema. Por sí misma, ninguna agresión es más grave que otra, sin embargo, en ciertos casos sí pueden ser interdependientes o una habilitar a otra, por ejemplo: alguien roba tu celular (acceso no autorizado); encuentra fotos íntimas entre tus archivos (control de la información); te escribe un mensaje para pedirte dinero a cambio de no publicarlas (extorsión); no cedes, decide ponerlas en línea y te etiqueta (difusión de información íntima sin consentimiento); la gente empieza a insultarte y a decirte que te lo buscaste (expresiones discriminatorias); denuncias y no recibes una buena respuesta de parte de las plataformas ni de parte de las autoridades.

El ciberacoso afecta a alrededor de 9.4 millones de mujeres en México:

- Las mujeres entre 18 y 30 años son las más atacadas en los espacios digitales.
- 23.9% de la población de 12 años y más que utilizó el internet en 2019 fue víctima de ciberacoso.
- Las agresiones la mayoría de las veces son cometidas por personas conocidas.

La violencia digital contra las mujeres representa un obstáculo para el ejercicio del derecho a la información y al acceso seguro a las telecomunicaciones; por tanto, prevenirla permite avanzar hacia un ejercicio igualitario entre mujeres y hombres, que además contribuye al goce y disfrute de otros derechos humanos, por ejemplo: la recreación, la educación, la libertad, la seguridad y el derecho de todas las personas a una vida libre de violencia.

Para prevenir la violencia digital contra las mujeres es necesario realizar acciones que provoquen cambios y reflexiones en torno a las ideas que tenemos sobre cómo ser mujer u hombre en nuestra sociedad, eliminando viejas creencias sobre los roles y estereotipos de género, y construyendo nuevas formas de relacionarnos, evitando que mujeres, niñas y adolescentes sean víctimas de alguna forma de violencia.

Impacto de la violencia digital

Las formas de violencia digital contra las mujeres y las niñas, están asociadas con impactos psicológicos, sociales y de salud reproductiva y, a menudo, con violencia sexual y física fuera del espacio virtual, tanto para las víctimas como para las sobrevivientes.

Una grave consecuencia de la violencia de género en línea y facilitada por las TIC, es una sociedad en la que las mujeres ya no se sienten seguras en línea o fuera de línea, debido a la impunidad generalizada de los autores de la violencia de género. Esta problemática se traduce en aislamiento social, que lleva a las víctimas o supervivientes —incluidas la familia y sus amistades— a retirarse de la vida pública, además de perder la libertad para desplazarse en condiciones de seguridad.

La Agenda 2030 para el Desarrollo Sostenible reconoce que la expansión de las tecnologías de la información y las comunicaciones y la interconexión mundial, brinda grandes posibilidades para acelerar el progreso humano, superar la brecha digital y desarrollar las sociedades del conocimiento. El Objetivo de Desarrollo Sostenible 5, establece los objetivos de lograr la igualdad de género y empoderar a todas las mujeres y las niñas mediante la eliminación de todas las formas de violencia contra ellas en los ámbitos público y privado (meta 5.2), así como aumentar la utilización de tecnologías, en particular las TIC, para promover el empoderamiento de la mujer (meta 5.9).

El legislar o regular este tipo de violencia ha demostrado ser especialmente difícil debido a los diversos actores públicos y privados involucrados (individuos, intermediarios de Internet, gobierno), y el contexto único en el que se genera esta forma de comunicación (por ejemplo; es transnacional, tiene implicaciones de comunicación y jurisdiccionales; se entrelazan los dominios públicos versus comunicaciones "privadas" a través de aplicaciones y mensajes de texto).

El hecho de que las violaciones se cometan fuera de los límites territoriales y la jurisdicción de los Estados, dificulta a las autoridades —incluidos los organismos encargados de hacer cumplir la ley—, la detección, investigación y el enjuiciamiento de los autores, así como el otorgamiento de reparación a los sobrevivientes de la violencia por razón de género. Además, puede requerir la cooperación extraterritorial entre Estados.

En México, el avance más significativo es la "Ley Olimpia", que derivó de un acto de violencia digital en el cual se compartió un video con contenido sexual, sin autorización de la víctima, en el estado de Puebla. A partir de ello, la víctima y organizaciones de la sociedad civil impulsaron una iniciativa para reformar el Código Penal de la entidad y tipificar dichas conductas como una violación a la intimidad. A nivel federal, en noviembre de 2019, fue aprobada una reforma a la Ley General de Acceso de las Mujeres a una Vida Libre de Violencia. Asimismo, se propuso una reforma al Código Penal Federal para tipificar el delito de violación a la intimidad sexual, imponiendo una pena de tres a seis años de prisión y una multa.

Ley Olimpia en Coahuila

En el 2019, el Congreso Local aprobó por unanimidad el paquete de reformas legislativas para reconocer, castigar, y prevenir la violencia sexual en Internet, conocidas como "Ley Olimpia", en reconocimiento a Olimpia Coral Melo, la impulsora de estas reformas que se aplican tanto al Código Penal de Coahuila, como a la Ley de Acceso de las Mujeres a una Vida Libre de Violencia de la entidad.

De esta manera, Coahuila se convirtió en el noveno estado de la república en aprobar dichas reformas, mismas que tienen un carácter ciudadano y están respaldadas por movimientos feministas y asociaciones civiles. Mediante estas reformas, se reconoció el ciber acoso y la violencia sexual relacionada con las tecnologías, además de castigar, visibilizar, prevenir, e inhibir la violencia digital desde una perspectiva de género, y ayudar también a la creación de mecanismos de capacitación para que las autoridades adoptaran nuevas formas de acceso a la justicia para las víctimas.

Entre las sanciones que fueron aprobadas gracias a esta iniciativa, está la de imponer de tres a seis años de prisión y multa de mil a dos mil unidades de medida (de 84 mil 490 a 168 mil 980 pesos), a quien, con el fin de causar daño o la obtención de un beneficio sexual, por cualquier medio, divulgue, comparta, distribuya, compile, comercialice, solicite y/o publique o amenace con publicar imágenes, audios o videos de una persona desnuda parcial o totalmente, de contenido íntimo, erótico o sexual, ya sea impreso, grabado o digital, sin el consentimiento de la víctima.

Igualmente se aplican las mismas sanciones a quienes obtengan mediante dispositivos móviles o dispositivos de almacenamiento físico o virtual, cualquier imagen, vídeo, texto o audio sin la autorización del titular. Cabe mencionar que estas penas aumentan hasta en una mitad del máximo de la pena cuando el delito es cometido por el cónyuge o por alguna persona con la que esté, o haya estado unida a la víctima por alguna relación de afectividad, aún sin convivencia, y también cuando el sujeto activo, dada su posición de ejercicio de poder pueda causar un daño personal, laboral, educativo, profesional o patrimonial.

Este incremento en la sanción también aplica si se trata de un servidor público —mismo que adicionalmente será destituido e inhabilitado para ocupar empleo, cargo o comisión públicos—, así como en los casos en los que se cometa en contra de una persona que por situación de discapacidad no comprenda el significado del hecho; contra una persona en situación de vulnerabilidad social; cuando se trate de menores de edad, o cuando se amenace con la publicación o bloqueo de la difusión del contenido a cambio de un nuevo intercambio sexual o económico. Asimismo, se estableció que, para los efectos de las disposiciones anteriores, la autoridad competente ordena a la empresa de prestación de servicios digitales o informáticos —servidor de Internet, red social, administrador o titular de la plataforma digital, medio de comunicación o cualquier otro— donde sea publicado o compilado el contenido íntimo no autorizado, el retiro inmediato de la publicación que se realizó sin consentimiento de la víctima.

Esto abrió la oportunidad de inhibir esta modalidad de violencia, al procurar la vigilancia de los medios digitales y redes sociales para que no fomenten la violencia contra las mujeres. De esta manera se garantiza la investigación y la elaboración de diagnósticos estadísticos sobre las causas, la frecuencia y las consecuencias de la violencia en línea contra las mujeres ya que, hasta ese momento, no existían datos oficiales en nuestro país.

Para junio del 2020 se tuvo conocimiento del primer caso con sentencia en donde una persona del sexo masculino fue acusada por, al menos, cinco mujeres. El acusado compartía imágenes sexuales de las víctimas en una cuenta de Twitter, a cambio de una transferencia bancaria, y a causa de ello se le prohibió tener contacto con las víctimas por cualquier medio de comunicación e incluso a través de un tercero, así como acercarse a ellas a una distancia menor de 100 metros. Además, tuvo que pagar una multa de 56,420 pesos.

A pesar de que la Ley Olimpia puede ser un mecanismo de acceso a la justicia para sancionar estas conductas que atentan contra la intimidad de las mujeres, las víctimas y expertos aseguran que es complejo ubicar, judicializar y sentenciar este delito.

En Coahuila, primer hombre beneficiado con la ley Olimpia

En el estado de Coahuila, una mujer fue vinculada a proceso por compartir fotografías íntimas de su expareja con la finalidad de amenazarlo, delito por el que las autoridades decidieron iniciar el juicio en su contra. La jueza encargada del caso encontró elementos para iniciar el juicio en contra de la mujer por el delito de violación a la Intimidad Sexual, por lo que se trata del primer caso en la entidad en el que la Ley Olimpia se aplica a favor de un hombre.

La activista Olimpia Coral Melo, se pronunció al respecto señalando que las condiciones de desigualdad estructural para hombres y mujeres no son las mismas, incluidas las condiciones para mediatizar casos sobre la Ley Olimpia.

"Este caso de Coahuila es un tema que están comentando con frases como '¿ya ven que sí aplica para las mujeres?' o 'autogol para las feministas'; son demasiado machistas y misóginos porque no se entendió que, desde un principio, esta ley beneficia a todos".

En este sentido, es de suma importancia resaltar que el delito de violación a la intimidad sexual afecta a hombres y mujeres por igual, recordando que el acceso a la justicia es patriarcal y eso no sólo se refiere a la justicia del Estado, sino que también a la justicia social.

Violencia digital contra candidatas

La violencia política en razón de género es uno de los problemas públicos que continuamente suscita el debate en la opinión pública. Se trata de las barreras que históricamente han dificultado la participación de las mujeres. Aunque se han logrado avances importantes en la materia, gracias a la creación de leyes y normas —por medio del esfuerzo de instituciones, organizaciones de la sociedad civil, redes sociales y académicas y liderazgos feministas—, la digitalización de la política ha traído nuevos tipos de violencia por superar, en un entorno tan amplio como difícil de regular.

Las redes sociales digitales, utilizadas correctamente, contribuyen al posicionamiento de las minorías en la agenda pública, a generar interacción entre instituciones y ciudadanía, y a empoderar candidatas; pero, también pueden servir como altavoz para los discursos de odio, las campañas de desinformación, la campaña negativa e incluso la coordinación de ataques contra liderazgos, movimientos sociales y/o colectivos. Las democracias de América Latina viven un momento clave en donde el Internet permite la hiperconectividad pero, al mismo tiempo, la libertad de expresión se ve amenazada a través de las redes —donde se aprovecha cierto anonimato e impersonalización— por agresiones y violencia contra las candidatas y las mujeres en general. Internet es una herramienta que, si es utilizada de manera proactiva y positiva, sirve como catalizador de los derechos de las mujeres. Sin duda, es un espacio de comunicación política donde converge la diversidad de los actores de la sociedad; no obstante, reflexionar sobre sus aspectos negativos es imperante para concientizar a medios, instituciones y sociedad sobre su uso de manera responsable y dar marcha atrás al lenguaje sexista y la violencia simbólico-política de género digital antes, durante y después de las elecciones.

En México, la colectiva "Luchadoras" y el National Democratic Institute (NDI) publicaron un estudio sobre la violencia política de género durante el proceso electoral del 2018, en donde identificaron que 62 candidatas fueron agredidas por la vía digital y, más preocupante aún, que la mayoría de dichas agresiones estaban articuladas entre sí. Otra investigación, realizada por el Observatorio Nacional Ciudadano durante las elecciones intermedias de junio del 2021, encontró que en dicho periodo hubo 63 personas —de las cuales el 85% fueron hombres— sancionadas por violentar a mujeres.

Se trata de un problema multifactorial que debe ser resuelto con diferentes estrategias que van desde el fortalecimiento de las políticas de educación en materia de género desde las infancias, hasta las regulaciones legislativas en el ecosistema web. De cualquier manera, es un tema que, sí o sí, debería estar más presente en las agendas políticas dado que representa un obstáculo para la concreción de una democracia igualitaria.

El entorno digital adquiere, cada vez más, un papel relevante en nuestra manera, no sólo de comunicarnos, sino de relacionarnos y de crear pautas de convivencia digital. Las mujeres deben hacer uso de las vías institucionales para denunciar este tipo de violencia y asegurarse de que, tanto en espacios físicos como digitales, sus derechos políticos y electorales sean plenamente respetados, porque, en una verdadera democracia, los actores políticos compiten en espacios justos y equitativos.

El compromiso es abonar a la construcción de un panorama político-electoral que considere a las mujeres como sujetos políticos en igualdad de condiciones para la competencia con sus pares en el mundo físico y en el digital. Para ello, será necesario seguir explorando las características de las conversaciones en línea con relación a la Violencia Política en Razón de Género (VPRG); crear puentes de colaboración entre mujeres en política, autoridades y órganos electorales, partidos políticos y plataformas digitales; incentivar la denuncia por medio de herramientas que faciliten el proceso y no sean revictimizantes; definir acciones claras de prevención y promover las políticas de atención en medios de comunicación de forma abierta, clara y oportuna, con públicos especializados y ciudadanos, de forma que la VPRG se convierta en un tema de atención prioritaria en la discusión pública.

Esta discusión servirá para concientizar y dar a conocer en qué consiste la VPRG, y cómo se presenta, inclusive en expresiones bien intencionadas, pero que pierden de vista el complejo contexto de la participación política de las mujeres y promueven discursos violentos de manera inadvertida. Sin duda hay mucho trabajo por hacer, y como me gusta repetirlo: esta no es una lucha de géneros; es una lucha por la igualdad, en donde mujeres y hombres podamos competir y no exista ventaja para nadie: esa es la meta, pero en esta lucha no estamos solas; necesitamos aliados y aliadas. ¿Te unes?

Referencias

ONU MUJERES (2020) Violencia contra mujeres y niñas en el espacio digital: Lo que es virtual también es real [online] Disponible en: https://mexico.unwomen.org/es/digiteca/publicaciones/2020-nuevo/diciembre-2020/violencia-digital

Ley General de Acceso de las Mujeres a una Vida Libre de Violencia (DOF).

UNICEF. (2020). Ciberacoso: Qué es y cómo detenerlo. [online] Disponible en: https://www.unicef.org/es/end-violence/ciberacoso-que-es-y-como-detenerlo

RAE https://dle.rae.es/trolea

Concepto. (2013). 'Stalkear' - Concepto, conductas de stalker y qué es un crush. [online] Disponible en: https://concepto.de/stalkear

Kaspersky (2021). Doxing: definición y explicación. [online] latam.kaspersky.com. Disponible en: https://latam.kaspersky.com/resource-center/definitions/what-is-doxing

Latto, N. (2021). ¿Qué es el doxing y cómo puede evitarlo? [online] ¿Qué es el doxing y cómo puede evitarlo? Disponible en: https://www.avast.com/es-es/c-what-is-doxxing

GCFGLOBAL. (2013). Seguridad en internet: ¿Qué es el sexting? [online] Disponible en: https://edu.gcfglobal.org/es/seguridaden-internet/que-es-el-sexting/1/

Flavia Freidenberg y Karolina Gilas. ¿Normas poco exigentes? Los niveles de exigencia normativa de las leyes contra la violencia política en razón de género en América Latina. Política y Sociedad, vol. 59 (1), 2022, 1-14.

Programa de las Naciones Unidas para el Desarrollo (PNUD) (2021) Candidaturas Paritarias y Violencia Política Digital en México

UN, DOS, TRES... EXPERIENCIAS PARA IRNOS

Por: Equipo Ranking Consultores

Diputada un poco desorganizada

En cierta ocasión, al terminar un periodo legislativo, todo mundo se fue de vacaciones, y en las primeras semanas se dedicaron a preparar sus líneas para el siguiente periodo y luego a descansar sin apuro... Hubo una diputada que tenía la virtud de ser muy trabajadora y el defecto de la desorganización... solía dejar que el tiempo pasara sin atender las tareas programadas y luego, ¡a contrarreloj! Parecía disfrutar de la presión y el estrés de ir contra el tiempo. Nuestra diputada, en cambio, nos dejó a todos de guardia tres semanas, a la espera de sus instrucciones que nunca llegaron, pero en la última semana aceleró a fondo en la oficina; se iba de vacaciones con su esposo y pretendía terminar al mismo tiempo sus líneas para el periodo inminente.

Un día me llamó, y mientras daba instrucciones, se escuchó la voz del marido que le exigía colgar. "Estamos de vacaciones", le dijo, y ella colgó. Al día siguiente recibí un mensaje de ella que me decía: "Llámame de inmediato". Le marqué y no contestó; repitió la instrucción al menos cinco veces y cada vez que le llamaba dejaba sin contestar. Al final descolgó y escuché que le decía a su marido: "Estos ineptos del congreso que no saben qué hacer si me desaparezco. Déjame arreglarlo…". Y así, en una hora instruyó sobre sus líneas y revisó propuestas, todos nos aceleramos, redactamos a mil por hora con el corazón a punto de salir por la garganta hasta que todo quedó, fiel a su estilo, fiel a la costumbre de estresarse y compartir con nosotros su estrés.

Candidato galán

Un candidato a diputado local en un estado muy importante del país —por cuestiones legales no es posible señalarlo—, decidió formar su equipo principal con mujeres. ¿Por qué? Porque las mujeres son más leales y no se distraen en vicios ni en placeres. Todo iba bien, con mujeres muy leales, hasta que una —quien se sintió relegada—, inició su estrategia: enviar mensajes a la esposa del candidato, para decirle que el hombre tenía amoríos con las damas de su campaña.

La señora le encaró y exigió explicaciones.

El candidato soltó a llorar… "¡Maldita guerra sucia, saben que les voy a ganar!"

Su primera y más difícil victoria la ganó llorando, pero, sobre todo, culpando a terceros de lo sucedido.

Candidato humilde

Para las elecciones del 2021 apareció en escena un candidato que buscaba ser alcalde en un Pueblo Mágico. Nos invitó a ser parte del equipo que ya contaba con un coordinador y estratega. Durante quince días siguió al pie de la letra los lineamientos sin chistar, aunque a veces iban en contra de su creencia personal. Pero sólo fueron esos quince días los que soportó someterse a los dictados del estratega, porque al día dieciséis, lo corrió sin más pretexto que: "…ya no aguantaba ser otro". Así que él fue su propio estratega —gran error en este mundo— y lanzó una campaña sui géneris, "nada de redes sociales", que se redujo a: panfletos entregados y colocados donde hubiera mucha gente, aparte de su brillante idea —desde su mente estratégica— de pegar cartulinas —sí, leyeron bien, cartulinas— en algunas casas donde lo recibían, que no eran muchas. Su foto y cartulinas —de nuevo— acompañadas de frases como: "Yo soy el más preparado"; "yo soy el más inteligente", "yo soy el que va a sacar al municipio de donde lo tienen" y "vota por mí. Él no quiso escuchar más y cuando perdió —que era muy obvio—, dijo que no era culpa suya ¡sino de los quince días que perdió con su estratega!

Así las cosas. En la industria de la consultoría encuentras experiencias buenas, malas, muy malas y peores, pero de vez en cuando, sólo de vez en cuando, te topas con experiencias gratificantes y que llenan tu ser en lo personal y profesional. Estas tres pequeñas experiencias o reflexiones, son las que hemos decidido en Ranking Consultores de Nuevo León México, colocar a manera de colofón de este anecdotario político, no porque ellas resuman el contenido, sino más bien, porque ellas deberían invitarte a reflexionar sobre todas y cada una de las experiencias brindadas por hombres y mujeres de la consultoría y miembros de AICODI, porque estas tres experiencias visualizan que la moneda tiene dos caras, la capacitada o profesional y aquella, esa que se basa en ocurrencias del momento, en la desorganización o en culpar a terceros sobre lo acontecido.

Porque esas tres experiencias, te invitan a no esperar un mundo de rosa ni uno de caramelo, en donde la gente estará esperando aprender o ejecutar las acciones consideradas en el plan. Así que piensa… ¡sólo piensa de qué lado de la moneda deseas estar!

Saludos desde Nuevo León, de parte de todo el equipo.